U0453240

当代齐鲁文库·山东社会科学院文库
THE LIBRARY OF CONTEMPORARY SHANDONG
SELECTED WORKS OF SHANDONG ACADEMY OF SOCIAL SCIENCES

山东社会科学院◎编纂

清代和民国山东移民东北史略

路 遇◎著

中国社会科学出版社

图书在版编目(CIP)数据

清代和民国山东移民东北史略 / 路遇著 . 一北京：中国社会科学出版社，2016.12
　ISBN 978-7-5161-8503-2

　Ⅰ.①清⋯　Ⅱ.①路⋯　Ⅲ.①移民—史料—山东省—清代 ②移民—史料—山东省—民国　Ⅳ.①D69

　中国版本图书馆 CIP 数据核字(2016)第 154315 号

出 版 人	赵剑英	
责任编辑	冯春凤	
责任校对	张爱华	
责任印制	张雪娇	

出　　版	中国社会科学出版社	
社　　址	北京鼓楼西大街甲 158 号	
邮　　编	100720	
网　　址	http://www.csspw.cn	
发 行 部	010-84083685	
门 市 部	010-84029450	
经　　销	新华书店及其他书店	
印刷装订	环球东方（北京）印务有限公司	
版　　次	2016 年 12 月第 1 版	
印　　次	2016 年 12 月第 1 次印刷	
开　　本	710×1000　1/16	
印　　张	10.5	
插　　页	2	
字　　数	118 千字	
定　　价	45.00 元	

凡购买中国社会科学出版社图书，如有质量问题请与本社营销中心联系调换
电话：010-84083683
版权所有　侵权必究

《山东社会科学院文库》编委会

主　　任	唐洲雁　张述存
副 主 任	王希军　刘贤明　王兴国（常务） 姚东方　王志东　袁红英
委　　员	（按姓氏笔画排序） 王　波　王晓明　刘良海　孙聚友 李广杰　李述森　李善峰　张卫国 张　文　张凤莲　张清津　杨金卫 侯小伏　郝立忠　涂可国　崔树义 谢桂山
执行编辑	周德禄　吴　刚

《山东社会科学院文库》
出版说明

　　党的十八大以来，以习近平同志为核心的党中央，从推动科学民主依法决策、推进国家治理体系和治理能力现代化、增强国家软实力的战略高度，对中国智库发展进行顶层设计，为中国特色新型智库建设提供了重要指导和基本遵循。2014年11月，中办、国办印发《关于加强中国特色新型智库建设的意见》，标志着我国新型智库建设进入了加快发展的新阶段。2015年2月，在中共山东省委、山东省人民政府的正确领导和大力支持下，山东社会科学院认真学习借鉴中国社会科学院改革的经验，大胆探索实施"社会科学创新工程"，在科研体制机制、人事管理、科研经费管理等方面大胆改革创新，相继实施了一系列重大创新措施，为建设山东特色新型智库勇探新路，并取得了明显成效，成为全国社科院系统率先全面实施哲学社会科学创新工程的地方社科院。2016年5月，习近平总书记在哲学社会科学工作座谈会上发表重要讲话。讲话深刻阐明哲学社会科学的历史地位和时代价值，突出强调坚持马克思主义在我国哲学社会科学领域的指导地位，对加快构建中国特色哲学社会科学作出重大部署，是新形势下繁荣发展我国哲学社会科学事业的纲领性文献。山东社会科学院以深入学习贯彻习近平总书记在哲学社会科学工作座谈会上的重要讲话精神为契机，继续大力推进哲学社会科学创新工程，努力建设马克思主义研究宣传的"思想理论高地"，省委、省政府的重要"思想库"和"智囊团"，山东省哲学社会科学的高端学术殿堂、山东省情综合数据库和研究评价中心，服务经济文化强省建设的创新型团队，为繁荣发展哲学社会科学、建设山东特色新型智库，努力做出更大的贡献。

《山东社会科学院文库》（以下简称《文库》）是山东社会科学院"创新工程"重大项目，是山东社会科学院着力打造的《当代齐鲁文库》的重要组成部分。该《文库》收录的是我院建院以来荣获山东省优秀社会科学成果一等奖及以上的科研成果。第二批出版的《文库》收录了丁少敏、王志东、卢新德、乔力、刘大可、曲永义、孙祚民、庄维民、许锦英、宋士昌、张卫国、李少群、张华、秦庆武、韩民青、程湘清、路遇等全国知名专家的研究专著18部，获奖文集1部。这些成果涉猎科学社会主义、文学、历史、哲学、经济学、人口学等领域，以马克思主义世界观、方法论为指导，深入研究哲学社会科学领域的基础理论问题，积极探索建设中国特色社会主义的重大理论和现实问题，为推动哲学社会科学繁荣发展发挥了重要作用。这些成果皆为作者经过长期的学术积累而打造的精品力作，充分体现了哲学社会科学研究的使命担当，展现了潜心治学、勇于创新的优良学风。这种使命担当、严谨的科研态度和科研作风值得我们认真学习和发扬，这是我院深入推进创新工程和新型智库建设的不竭动力。

实践没有止境，理论创新也没有止境。我们要突破前人，后人也必然会突破我们。《文库》收录的成果，也将因时代的变化、实践的发展、理论的创新，不断得到修正、丰富、完善，但它们对当时经济社会发展的推动作用，将同这些文字一起被人们铭记。《山东社会科学院文库》出版的原则是尊重原著的历史价值，内容不作大幅修订，因而，大家在《文库》中所看到的是那个时代专家们潜心探索研究的原汁原味的成果。

《山东社会科学院文库》是一个动态的开放的系统，在出版第一批、第二批的基础上，我们还会陆续推出第三批、第四批等后续成果……《文库》的出版在编委会的直接领导下进行，得到了作者及其亲属们的大力支持，也得到了院相关研究单位同志们的大力支持。同时，中国社会科学出版社的领导高度重视，给予大力支持帮助，尤其是责任编辑冯春凤主任为此付出了艰辛努力，在此一并表示最诚挚的谢意。

本书出版的组织、联络等事宜，由山东社会科学院科研组织处负责。因水平所限，出版工作难免会有不足乃至失误之处，恳请读者及有关专家学者批评指正。

《山东社会科学院文库》编委会
2016年11月16日

目　录

序 …………………………………………… 胡焕庸（ 1 ）
一　清代的移民 ……………………………………（ 2 ）
　（一）清代的流人 ……………………………（ 2 ）
　（二）清代的流民 ……………………………（20）
二　民国时期的移民 ………………………………（55）
三　回返移民访问手记 ……………………………（77）
　（一）德州地区 ………………………………（77）
　　陵县
　（二）惠民地区 ………………………………（79）
　　惠民县　滨州市　博兴县　邹平县
　（三）潍坊地区 ………………………………（108）
　　临朐县　高密县
　（四）烟台地区 ………………………………（132）
　　莱阳县　蓬莱县
后　记 ………………………………………………（158）

序

在近代一百多年里，山东省是我国外迁人口最多的省份，而东北三省是在全国各省区中，人口迁入最多的地区。在东北三省的迁入人口中，山东籍人口又占到总迁入人口的70%~80%，因此研究山东人口迁往东北的历史和过程，是研究中国国内人口迁移的重要部分。

路遇同志研究山东人口外迁问题，投入了较大的精力和时间。通过广泛的实地调查，参考了许多文献资料，写出了《清代和民国山东移民东北史略》一书。该书参考文献详细，调查材料生动、活泼，极有价值。内容分为三个部分。

第一部分：清代的移民。这部分又分初期的流人和后期的流民两部分。流人是指清代初期，在清、明两朝相互征战过程中，大量掠夺汉族军民迁往东北，从事开垦耕种。以后在清代后期，由于满族居民大量进入内地，帝俄和日本军国主义妄想侵占我国东北，因而积极招募内地汉族迁往东北。这就是一般所称的流民。

第二部分：民国时期的移民。当时是军阀相争，混战不休；山东居民由于天灾人祸，不得不向东北迁移，开垦谋生。特别在1931年"九一八"事变以后，日本军国主义先是占领我国东北。1937年以后，又进一步侵占我国东部各省区，掳掠我国华北大量居民，到东北开矿筑路，成为真正强迫移民。

第三部分：回返移民访问手记。东北三省人口增长史，显示着冀鲁豫三省人口外移的过程，但从来没有人作过实地调查。作者在1984年先后考察访问了济南、德州、惠民、潍坊、烟台五个地（市）的九个县（市）、二十二个乡（镇）、一百三十三个村（队）的一百三十四名干部和去东北回返移民或其家属，详细而具体地记述这些回返移民的移出原因和经过，居留东北的具体生活，以及他们回返的经过，内容具体确实，真是一字一泪。从今天东北情况来看，移民开发了东北，保卫了东北，移民对国家的贡献是巨大的。

本书不足之处，只对部分回返移民作了调查，而对留居东北的大量移民，没有加以实地调查，难于看出这些留居东北人口的移居情况。这是美中不足的。

胡焕庸
1986年9月18日于上海华东师大人口研究所

山东人移民东北①始于何时，无史料记载。后汉书载："武王灭纣，肃慎来献石弩楛矢。"肃慎人就是满旗人的最早先人，他们很早就居住在长白山以北、东滨大海以及黑龙江流域的广大区域。在传说的舜禹时代，他们就和中原人民建立了联系。禹定九州，他们进贡了弓矢。周朝时，肃慎人又向武王、成王、康王进贡过"楛矢石弩"。汉唐以后，肃慎人及其后裔的进贡，更是代代不绝。东北少数民族在很久以来就和关内汉人有了联系。而汉人呢，周秦之前在东北即有足迹。清代蒙古旗人博明在其所著《凤城琐记》中云："奉天南滨大海，金、复、盖（奉天的金州、复州、盖州）与登、莱对岸，故各属皆为山东人所据。凤凰城乃极边而山之陬水之涯，草屋数间，荒田数亩，问之无非齐人所葺所垦者。"山东和东北毗邻，山东半岛、辽东半岛隔海相望，来往便利，据此推断，在周秦之前，东北的汉人中即有山东之移民居住，当属无疑。山东人移徙在此虽然有着悠久的历史，但于满清入关之前，迁徙东北者究属少数。自清兵入关之后，山东人流徙东北者，才逐渐增多。

---

① 系指中国之东北而言，其区划范围常因时代而异，此处所指包括辽宁、吉林、黑龙江、内蒙古东部地区。

一 清代的移民

清代山东往东北移民大致有两种情况。一是清初时期民族矛盾尖锐，反清斗争连绵不断，清朝统治者为了巩固大清在中原的统治地位，采取了极其残酷的镇压手段，其中之一就是将"造反"者遣送边陲"烟瘴"之地，一为补充边陲兵员；一为垦荒生产。山东与东北毗邻，亦为清统治者之后方。故将山东触犯刑律者多发配东北。此种遣犯，史称"流人"。二是在17世纪，特别是黄河、长江流域人口的增长速度加快，虽然也促进了社会的繁荣，但也产生了一系列的矛盾，其中最主要的矛盾是生产力的发展和人口增长之间不相适应，而土地高度集中又加深了矛盾的严重性，而东北地广人稀，土壤肥沃，适宜农作物的种植。为此，山东的广大贫苦农民背乡离井，远奔东北寻求土地，觅食谋生。此种移民史称"流民"。我们研究清代山东往东北的移民，主要就是研究"流人"和"流民"这两种类型的移民。

（一）清代的流人

清代各种矛盾在山东比较集中，触犯各种刑律者也自然多，因此山东是发遣各种人犯的重要地区之一；同时，由于山东地理位置靠近东北，清兵入关前到关内大肆掳掠人口，山东首当其冲是受害最严重的地区，我们权且把这部分被掠人口也列入流人之列①。从被掳掠、被发遣流人的身份看，大致可分五种类型。

第一种，清兵入关前被掳掠去的无辜人口。皇太极时期，清兵曾多次入关掳掠人口。在崇祯十二三年（1639—1640年）间，明军在松山之役战败后，清军长驱入关，关内许多地区成了铁骑出没之区。铁骑所至，奸淫掳掠，无所不为。据王钟翰统计，皇太极俘获最多的有以下四次：第一次为清天聪九年（崇祯八年，公元1635年），清军在山西北部，"计俘获人口牲畜七万六千二百有奇"。第二次是崇德元年（崇祯九年，公元1636年），"过保定府至安州，克十二城，凡五十六战皆捷，共俘获人口十七万九千八百二十"。第三次是崇德四年（崇祯十二年，公元1639年），在直隶、山东一带，左翼多尔衮"克城三十四座，降者六城，败敌十七阵，俘获人口二十五万七千八百八十"；右翼杜度则"共克十九城，降者二城，败敌十六阵……俘获人口二十万四千四百二十有三。"第四次崇德八年（崇祯十六年，公元1643年），阿巴泰在山东"计攻克三府十八州六十七县，共八十八城；归顺者六城，击败敌兵三十九处，……俘获人口三十六万九千"②。以上四次俘获人口约达近百万人。其中第三次是在直隶、山东两省，按各半计，山东二十三万，加上第四

---

① 谢国桢：《明末清初的学风》，第169页。
② 韦庆远等编著：《清代奴婢制度》。

次，山东被掳人口共计达六十万人之多。这还没有计入清军小规模窜入山东掳掠去的人口。

　　清兵窜入关内掳掠人口，一是为了充实军力。清太祖努尔哈赤氏发迹东北，以十三副铠甲起家，在黑水白山之间，人迹罕到的地方，吞并了什赫、哈达诸部落，作了建州的酋长。可是，即使清太祖奠都兴京时，八旗兵丁也不过六万人，不足以支持其野心。清兵与明军作战，兵械粮饷也不怎么充足。虽然精悍勇敢的清兵开到原铁岭，往前推进，但被明将杨镐、熊廷弼屡次猛攻，军队、人民损失不在少数，时有补充的必要。所以太祖、太宗两朝一有时机便深入明地，大肆掳掠人口，以充实其兵力。二是获取奴仆的需要。明清战争，在辽东辽西达二十余年之久，戎马蹂躏，城堡为墟，昔日之耕田变为荒土。满人本不解农事，其田垄耕耘，主要靠汉人战俘。战俘是满州贵族和八旗官兵奴仆最主要的来源。因此，他们在对明发动战争中，把大量战俘作为奴仆。奴仆是最重要的生产手段，是最被重视的战利品之一。所以天聪四年（1630 年）四月三十日，"阿巴泰、济尔哈朗、萨哈廉军还次阳石木河。……上（按：指皇太极）问是役（按：指永平之役）俘获视前二次如何？对曰：人口较前为多。上曰：财帛虽多不足喜，惟多得人奴可喜也。"① 可见清兵入关前对明朝发动战争，把获取战俘作为最重要的目标。

　　第二种，农民对清王朝的反抗斗争被镇压后，往往将余众发往东北边疆。清初，随着清军进入山东，清朝的满汉地方官员，也跟着走马上任。他们支持汉族地主恢复

---

① 王先谦：《东华录》卷 5。

"故业"，疯狂推行了各项封建压迫政策。于是山东各地人民掀起了轰轰烈烈的反抗清朝阶级压迫和民族压迫的斗争。这些斗争被血腥镇压之后，清政府除将起义骨干杀害外，还将余众发配东北，给兵丁为奴。乾隆三十九年（1774年），山东王伦起义。起义失败后，参与者被捕、被杀或发遣。"至现在审讯之一千三百七十二犯，其中如尚有曾受贼人伪官及其头目，并随贼拒捕伤人者，自当讯明正法，不可姑息。其曾经供贼役使及打仗时徒手随行者，然无抗拒情形，亦当严切讯明，仍量其轻重，分发伊犁及吉林、黑龙江等处，给兵丁为奴，并烟瘴地方安插"[①]。在王伦起义队伍中，即使逃出向清官兵通风报信者，对其虽有宽大，但究系曾经从贼，不便仍留本处，也发配边疆。更有甚者，被王伦起义军打败的清军官兵，为首倡逃者，正法示众，其余随同奔溃者，发伊犁等处，给兵丁为奴。有些劳动人民秘密结社，具有反抗清朝统治性质的案犯，也发往吉林。对于山东单县、曹县邪教一案要犯，正法示众，其余入教之人，不但不可仍留本省，并不得仍留内地，均发遣东北充当苦差。此案为从者位荣、布文起、李忠、黄存义等七十二犯，分别发配伊犁、黑龙江。

第三种，对具有反清思想的文人学士，大兴文字狱或制造科场狱案。清朝对于具有反清思想的读书人，很不放心，觉得在他们面前不立威不足以慑服他们的反叛心理，于是制造科场狱案、文字狱案，来杀一儆百。文字狱在全国最有名的有南浔庄廷鑨私修明史狱，戴名世的《南山集》狱，以及查嗣庭、胡中藻的文字狱。在山东比较有名

---

① 《高宗实录》卷986。

的有即墨的黄培文字狱。黄培是山东莱州府即墨人，明万历年间官至兵部尚书赠太保衔。黄培自明亡回里，度过二十余年，在他秋兴诗中有"慨彼从前二十年，何从一日天地宽"之句。从顺治元年到康熙元年，黄培作诗二百八十余首，略加删定，命名为《含章馆诗集》。康熙二年，集已刻成，乃加以装订，遍赠亲友。岂料此集一出，惹起了一场杀身大祸。黄培文字狱发生于康熙四年，长达四年之久。山东抚院接到谕旨，乃康熙八年四月初一日，将黄培执行绞刑。这次狱案，在人数株连上，竟达二百多人。就像这样一些文字狱案所涉及的文人学士，或则被杀，或则连同家属发配东北各地。在科场狱案中，最有名的算是顺治丁酉科场狱案了。这场案子，发生在顺治十四年（1657年），从河北顺天府闹起，延及到许多省，在山东不少人也受此案之累。当时士子，沿着明代积习，行贿通关节，闹得很凶，他们在科场纳贿作弊，或"不用闱墨，有违定例"，或"于中试举人硃卷内，用笔墨添改字句"，清廷对此大为恼火。对这些主考官处理很重，"俱著立斩，家产籍没，父母妻子兄弟，俱流徙尚阳堡"或"流徙宁古塔"。这场狱案株连不下数百家。

第四种，刑事犯及其家属。为了安定地方秩序，清政府打击各种刑事犯，并将人犯及其家属发配边疆。主要有贪污盗窃犯、诈骗犯、流氓犯，杀人犯，以及打架斗殴、迷信拐骗等各种人犯。顺治十四年（1657年）定：凡卖钱经纪铺户，兴贩搀和私钱者，流徙尚阳堡。十六年定：贪官赃至十两者，流徙席北地方。康熙五年（1666年）定：侵欺钱粮，贪赃衙役，免死者流徙宁古塔。十八年定：凡军罪及免死拟流人犯，均安插乌拉地方。十九年定：贪赃官役免死减等发落者，照例安插于乌拉地方。二十三年定：凡三次盗窃，免死减等发落，诱卖人口，药饼迷拐为从者，发配宁古塔与穷披甲之人为奴；凡诬隐平民为盗吓银两者，发宁古塔给穷披甲之人为奴①。由此可以看出，清政府对各种刑事杂犯的发遣都作了明确规定。这些规定一申再申，说明了当时社会矛盾的加剧，各种案犯的增多，这在山东尤为突出。康熙五十年（1711年），山东的张景龙等五十余人，因迫于饥寒，抢夺财物，本"俱拟即行正法"。后从宽免死，发往黑龙江、宁古塔等处充当水手。乾隆二十一年（1756年），在山东德州拿获妖言人刘德照，其人妄言灾祸，诓诱乡愚，从宽免死，发往黑龙江，给披甲人为奴。嘉庆十四年（1809年）侍郎广兴在山东审办控案，任意威吓，婪索赃银，数至累万，嘉庆帝亲加廷讯，最后处于绞刑，其子蕴秀发往吉林充当苦差。乾、嘉年间，随着社会矛盾的加剧，山东各种刑事案件越来越多。嘉庆二十三年，"近日东省纠众伙窃之案甚多，且有窝家为之渊薮"。"罪应徒流充军者，概行发遣黑龙江当差，以示严惩。"②

第五种，失职或犯罪官员兵士，发往边疆效力赎罪。为了维护统治阶级内部纲纪，对一些失职或犯罪官员也严加处理。乾隆四十一年，在山东夏津县油坊被盗一案中，对纵盗不职的夏津县知县范君僎革职，发往边疆，效力赎罪。对于此案中防护追捕不力的绿旗兵，于失事地方，枷号一年，满日发往东北边疆种地。乾隆五十八年，在山东

---

① 《大清会典事例》卷744。
② 《仁宗实录》卷345。

江苏洋面交界地方一劫案，对捏报推诿之官吏，严加治罪。知县赵文照等俱发往边疆充当苦差。山东巡抚和宁，欺瞒皇帝，讳灾不报，革职，发往东北，自备资斧，效力赎罪。山东济南官吏丘庭潚、金湘，张鹏升等库存之项，擅行挪用，丘、金发往黑龙江效力赎罪，张发遣吉林效力赎罪。

因言事而犯罪的臣子。有些士子，入仕清朝，降志辱身，甘为臣仆的人，偶然说几句公平话，也会触犯刑律，重则杀身，轻也要遣戍。顺治帝待到江南稳定之后，时向渐安。他看准了清廷的汉族大臣，厚植党羽，互相倾轧。他先从言官和内阁大臣开刀，这些人偶一不慎，他便抓住一个小把柄来痛责言官，加以罪名，谪戍流徙。

《清史稿》列传卷三十一《李森先传》云：

> 顺治十五年（1658年）应诏陈言略曰：上孜孜图治，求言诏屡下，而迟回观望者，皆以从前言事诸臣，一经惩创，则流徙永锢，相率以言路为戒耳。臣以为欲开言路，宜先宽言官之罚，如流徙谏臣：李呈祥、季开生、魏琯、李裀、郝浴、张鸣骏等，皆与恩诏。

这里提到的李呈祥、魏琯、李裀皆山东人。

李呈祥，字吉津，山东沾化人，明崇祯进士，选庶吉士，顺治初援编修，累迁少詹事，以条陈部院衙门应裁去满官，专用汉人，下刑部狱，免死，流徙盛京。

魏琯，字昭华，山东寿光人，明崇祯间进士，官御史。在他当顺天府丞时，看到清廷对逃人的残酷举动，他上疏说:"逃人日多,以投充者众,本主私纵成习,听其他往,日久不还,概讼为逃人,逃人至再,罪止鞭百;而窝逃犹论斩,籍人口财产给本主,与叛逆无异,非法之平。"又言:"窝逃瘐毙,妻子应免其流徙,时遇热审,亦应一体减等。"魏琯因此犯私纵逃人罪而夺官,流徙辽阳,卒于戍所。

李裀,字龙衮,高密县人,顺治六年举人考授内阁中书舍人。他上疏谏:"皇上为中国主,其视天下皆为一家,必别之为东人,又曰归人,已歧为二。"因陈积弊有七,得罪皇帝,谪戍宁古塔,寻卒戍所。

还有李正宗,山东安邱人,明崇祯进士,入清官吏部侍郎。他的朋友张缙彦,为其文集作序,内中有:"将明之才",犯了清廷忌讳,正宗因是夺官逮讯,流徙边疆。

以上所讲山东被发遣流人,除清兵入关前被掳掠几十万人之外,其他各类流人也不下几千人。

清代山东的流人,主要发配地点是东北各地,但在各时期发配地点亦有所变化。

清兵入关之前,被侵入关内的清兵掳掠去的人口,全部安插在沈阳各处,来充实清朝的力量。

清前期,从顺治元年(1644年)清兵入关,经过康熙、雍正,到乾隆初年(1723年),缙绅士夫改谪新疆为止,这一段时间,凡触犯清廷的忌讳,有思想不良嫌疑的人们,都谪戍到东北去。清朝发遣犯人初递发尚阳堡、宁古塔或乌拉地方安插,后并发齐齐哈尔、黑龙江、三姓、喀尔喀、科布多,或各省驻防为奴。

从清初遣发的犯人来看,由近及远,逐次向北。最初不过发遣到沈阳,后来由尚阳堡到宁古塔,最后乃发遣到黑龙江、齐齐哈尔等处。

沈阳为清之盛京，生活条件自然比较优越。

尚阳堡在辽宁开原县东四十里，一作上阳堡。"清兵入关之初，流徙罪犯，多编管于吉江两省。及康熙时云南既平，凡附属吴三桂之滇人，悉配戍于上阳堡。"①

宁古塔，在吉林省宁安县治，其地较尚阳堡为远，在清初尚未开发，行人皆视为畏途。《研堂见闻杂记》记载："按宁古塔，在辽东极北，去京七八千里，其地重冰积雪，非复世界，……诸流人虽名拟遣，而说者谓至半道为虎狼所食，猿狖所攫，或饥人所啖，无得生也。向来流人俱徙尚阳堡，地去京师三千里，犹有屋宇可居，至者尚得活，至此则望尚阳堡如天上矣。"②

伯都讷、齐齐哈尔。山东蓬莱人李光远，清初饶阳令，后以明崇祯三太子定王案株连，遣戍伯都讷。此案牵连百余人，同时发配宁古塔、齐齐哈尔。

船厂、黑龙江。康熙初发配犯人地点又增船厂、黑龙江。

三姓。康熙五十二年（1713 年）定：发遣犯人，俱发三姓地方。雍正十三年（1735 年）再次重申，"嗣后发遣人犯有应发宁古塔等处者，皆改发三姓地方，给予八旗一千兵丁为奴。"③

索伦、达呼尔、拉林。《读例存疑六·名例下》："谨按尔时（顺治）之流徙，即后来之外遣也。嗣则有三姓、索伦、达呼尔，即黑龙江等是也。间亦有发遣拉林者。"

---

① 魏声和：《鸡林旧闻录》。
② 谢国桢：《明末清初的学风》，第 106 页。
③ 《清朝文献通考》卷 204。

从发遣人数的多少讲，以发往尚阳堡、宁古塔、黑龙江者为最多。

以上发配犯人的地点，均系东北苦寒之地，这显然是清朝政府为了镇压和惩治各种罪人。嘉庆帝说得很清楚："东三省为我朝龙兴之地，因吉林、黑龙江二处地气苦寒"，"向例发往吉林、黑龙江为奴人犯，多免死减等情罪较重者，分给兵丁为奴，原使之备尝艰苦，长受折磨"，"令其充当苦差，以磨折其凶狡之性"①。康熙帝认为，新满洲兵众多，将凶徒分给为奴，势孤力散，恶不能逞。

到乾隆时期，清政府发遣人犯的地区有了变化，逐步改发新疆及南方各边远省份烟瘴地区。主要是因为清政府看到东北发遣人犯越来越多，怕败坏龙兴之地风气。

乾隆年间，新疆开辟，又将人犯发配伊犁、乌鲁木齐、巴里坤各旧城。乾隆元年（1736年）谕："黑龙江、宁古塔、吉林乌拉等处地方，若概将人犯发遣，则该处聚集匪类多人。恐本处之人，渐染恶习，有关风俗。朕意嗣后如满州有犯法应发遣者，仍发黑龙江等处。其汉人犯发遣之罪者，应改发于各省烟瘴地方。"②

发遣人犯的地区也是有反复的。乾隆五十四年，发往新疆的人犯数目增多，清政府考虑到同住一处，聚集成群，难保无纠滋事之患，又决定再改发吉林、打牲乌拉及珲春等处。

从清朝各时期发往各地的人犯数目看，顺、康、雍、乾为最多，到嘉庆以后逐年减少，道光、同治时期已经很

---

① 《仁宗实录》卷271。
② 《大清会典事例》卷744。

少了。据三姓档案统计，遣发三姓地方为奴人犯，几个年代的数目：乾隆二十七年七月，一千一百零四名；乾隆五十二年十月，二百四十七名；乾隆五十九年四月，二百二十名；嘉庆十一年九月，三百名；嘉庆十八年十二月，三百四十一名；道光五年九月，五十六名；道光二十一年九月，二十八名；同治七年九月零名①。人犯的发遣所以出现这种日渐减少的趋势，是因为清代中期以后，社会矛盾加剧，内外交困，清政府不得不放松了对社会上各种罪犯的惩治。

　　发配到边疆，尤其是发配到东北的流人，生活艰苦、处境悲惨。东北天寒地冻，荒无人烟。以发配流人最多的宁古塔为例。"是时宁古塔，号荒徼，人迹罕到，出塞渡湍江，越穹岭，万木排立，仰不见天。乱石断冰，与老树根相蟠互，不受马蹄。朔风狂吹，雪花如掌，异鸟怪兽，丛哭林噑，行者起蹐其间，或僵马上。"② 在关内生活惯了的人，到那绝塞荒山，冰天雪地，远离乡土，举目无亲的环境里生活，实为凄惨。发配去的人，大都从事着艰苦的劳动。"宁古无闲人，而女子为最。如糊窗则槌布以代纸，烧灯则削麻肤糠以代膏，皆女子手。不碾而舂，舂无昼夜，一女子舂不能供两男子食。稗之精者至五六舂。近有碾，间橐粟以就碾。春余即汲，霜雪，井滑如山，赤脚单衣，悲号于肩担者不可纪。皆中华富贵家裔也，伤哉。"③ 这里描述的女子，正是受科场或"文字狱"之累或为官过贪等流人的妻女及其后裔。康熙东巡乌拉时曾感叹说：

---

① 《社会科学辑刊》1983 年第 6 期。
② 《吉林通志》卷 115。
③ 方拱乾：《宁古塔志》。

"流徙宁古塔、乌拉人犯，朕向来未悉其苦，今谒陵至彼，目击方知。此辈既无房屋栖身，又无资力耕种。复重困于差徭。……来此苦寒之地，风气凛冽，必至颠踣沟壑，远离乡土，音信不通，殊为可悯。虽若辈罪由自作，然发辽阳诸处安置，足以敝其辜矣。彼处尚有田土可以资生，室庐可以安处，且此等罪人，虽在乌拉等处亦无用也。"① 康熙帝的虚伪，恩威并用的手腕且不说，这确确实实反映了流人悲惨的处境。

由于流人的身份及犯罪性质的不同，到发配地所受惩罚也各异。黑龙江为极边苦寒地区，设有将军镇守，凡旗民杂犯重罪，或以免死，或以加等，发遣到此，分管束、安插、当差、为奴诸条，各有等差。其中官吏谪戍最轻。官吏谪戍东北，一般冠以"效力赎罪"字样，表示不作重体力劳动。到配后，当地官员也管制不严。在流人中人数最多而处境最坏的便是遣奴了。遣奴系双重身份，既是遣犯，又是主人的奴仆，同时受到官方的法律惩治和主人的虐待。在清朝，主仆之间的关系在法律上有明确规定。雍正五年（1727年）规定：奴仆"如有事犯，验明官册印契照例治罪。其奴仆诽谤家长，并雇工人骂家长，与官员、平人殴杀奴仆，并教令过失杀及殴杀雇工人等款，俱有律例，应照满州主仆论。若犯该黑龙江当差者，照名例改遣例问发。至不遵约束，傲慢顽梗、酗酒生事者，照满洲家人吃酒行凶例，面上刺字，流二千里，交与地方官，令具永远当苦差。"② 这是清朝在法律上对主奴间不平等的

---

① 《圣祖实录》卷36。
② 《大清会典事例》卷810。

规定。至于对遣奴则有更严厉的规定。乾隆元年定：发给宁古塔等处披甲人为奴之犯，如果"伊等凶恶性成仍复犯法，是以定有听伊主打死勿问之例。"兵丁和家主们以此例为非作歹，逞凶肆虐。"乃闻各处披甲人等，竟有图占该犯妻女，不遂所欲，因而毙其性命者。"① 正是由于对遣奴长期的折磨和虐待，在流放地的遣奴死者甚多，生还回籍者很少。据对三姓档中赏奴的统计：乾隆元年至嘉庆十二年，这七十二年间三姓地方累计发遣赏奴二千六百二十八名，其中死亡二千零九十七名，占百分之七十九点八；逃跑一百九十三名，占百分之七点三；死亡和逃跑的奴仆占总数的百分之八十七点一。除发回原籍三十三名外，实有三百零五名。这一数字触目惊心，生动地反映了三姓赏奴悲惨的生活遭遇。

遣奴被压在社会的底层，过着受摧残和奴役的生活。他们不堪忍受非人的压迫，采取各种形式纷纷起来斗争。其反抗斗争大体上有三种形式：逃亡、赎身、杀死主人。

逃亡。遣奴的抗争，大量地表现在离主逃亡上。清兵入关前在山东等地被清兵掠去的人口大量逃回关内。他们本来是一般农民或城镇居民，一夜之间被沦为奴仆，在奴主那儿受尽了毒打、饥寒和侮辱，他们思念家乡亲人，便寻找一切机会逃回老家。清兵入关后的遣奴，受到的折磨更厉害，他们为改变自己的境遇，纷纷逃亡。据乾隆五十九年三姓档载称："本城所属地方辽阔，安插为奴遣犯亦最多，其中畏法安分者固不乏人，而愚昧性成，罔知国法、在配潜逃者屡屡呈报在案。"面对逃人的增多，清政

---

① 《吉林通志》卷1。

府不断采取防范措施，镇压逃亡者，惩治失职官吏，严格缉拿逃亡者。清政府规定，遣奴如若逃跑，家主须向该管佐领报告，声明逃奴的年龄、容貌、衣着、持物等，由骁骑校等人出具保结，再报该管翼协领并由该员出证后，报副都统衙门。最后由副都统衙门派出该家主及领催或披甲人若干查拿，同时向将军衙门咨报。清政府还严格规定："吉林所属各处节年发遣为奴及当差人犯内病故、脱逃数目，现在实有数目，年终咨报军机处、刑部外，未获者咨行各省严缉。"① 雍正十三年十二月十三日，刑科抄出宁古塔将军等奏，查得吉林乌拉处，每年发遣人犯脱逃三十二名内，拿获一名，自行投回三名，脱逃未获二十九名。宁古塔副都统处，每年发遣人犯脱逃八十名内，拿获十九名，自行投四十七名，脱逃未获四十四名等②。许多遣奴冒着生命危险逃出。有的逃奴被拿获后就地正法，惨遭杀害。有的逃奴为了不被查出，忍受极大痛苦，自己毁去脸上的刺字，逃入深山，躲避一时。有的逃奴逃跑后，四处躲藏，无法生活，被逼无奈，又投回原来的家主处。也有少数逃奴逃出家主的魔掌，在清政府的查拿下，始终过着惶惶不可终日的生活。

赎身。用银钱通融家主以求赎身，以回乡里。这是遣奴借以摆脱屈辱地位的又一种抗争手段。清朝统治者对此却严加限制。康熙三年七月户部规定：发往宁古塔等处叛逆家属私行买赎者，系官，交该部革职，系民，杖一百，流三千里。康熙六年四月又规定：顷者流徙宁古塔、南阳

---

① 萨英额：《吉林外记》卷6。
② 《雍康乾时期城乡人民反抗斗争资料》，第455～456页。

堡犯人，许自认修造城楼及部院衙门，释所犯之罪。嗣后有认工赎罪者，概行停止。乾嘉时期，遣奴赎身之风日盛。据三姓副都统衙门嘉庆十三年十二月报称：赏给八旗官兵之奴，收取其月钱而私放于外或收其银钱而准其赎身者颇多。嘉庆帝说："国家严惩罪人之例，竟听伊等私行卖放，以致罪人无所敬畏，以远戍之地为乐土，岂不与立法之意大相刺谬乎！其纳资赎身恶习严行禁止，径此次饬禁之后，如再有犯者倍加治罪。"① 嘉庆十三年谕吉林、黑龙江将军嗣后凡充赏人犯，必饬各该管家主严加管束，断不准收取银钱而准其赎身，任其居处于外。尽管遣奴赎身之事，一禁再禁，也不能制止住。嘉庆帝面对这种情况，不得不改变赏奴办法。兵丁每月所领钱粮甚少，除自赡身家外，无力再养赏奴多人，于是决定，改赏该处廉俸较优的官员为奴。尽管如此，由于兵多官少，亦无济于事。

遣奴杀死家主。奴主常常残酷奴役和压迫遣奴，遣奴忍无可忍，致使采取暴烈行动，将家主杀死。乾隆五十三年（1788年），为奴遣犯魏玉凯，因他的家主博郭洛克管束甚严，心怀忿恨，将其家主全家五口杀死。同年，发往黑龙江为奴之犯冯顺，因将其家主安柱之母、妻、子女、从弟等砍伤。为了缓和矛盾，清政府通饬东三省将军、副都统等，明白晓喻各人犯家主等，务须严加管束，量予衣食，不得妄行挞伐，以致愤恨莫释，酿成伤毙人命之案。这不过是清政府安抚遣奴的花招而已。

清朝发遣为奴之人犯，受着家主和官府的双重压迫，饱尝了人世间的辛酸苦难。但他们是不甘心受屈辱的，必

---

① 《仁宗实录》卷235。

然起而反抗。这是对清朝政府倒行逆施,竭力维持封建王朝的有力打击。

清朝山东流人发配到东北,同关内各省发配去的流人以及后来大批闯关谋生的流民一起,对东北地区经济文化的发展和疆土的保卫,作出了重要贡献。

开垦田土,发展农业。清入关之初,流徙罪犯多编配于吉、黑两省。唯此项汉人已不列旗籍,而分属于十官庄,二十六驿站,二十七边台。庄丁充采捕种地,打桦树皮等役。其后拨田地给台站各丁,令耕种自给,自是各丁均生息而成土著矣,是为吉林田畴开辟之始①。康熙帝说过,东北的"满汉人民,悉赖农业","吉林乌拉,田地米粮,甚为紧要,农事有误,关系非细,宜劝勉之。"② 于是将遣犯编入农籍,拨地责垦,以为之倡。据史载,顺治九年(1652年)至雍正年间,宁古塔官地旗地开垦四万三千四百九十八垧。乾隆二年(1737年),呼兰地方设立官庄,令盛京将军于八旗开户人内选能耕种壮丁四百名,携带家口往垦。每壮丁一名拨地六十亩,每十丁合编一庄,共设官庄四十处。嘉庆十三年(1808年)瑷珲八旗屯庄共有四千一百九十九户,人一万九千三百八十八口,仓贮粮十三万石。由于田土的大量开垦,粮食产量增加,保证了当地民食和军饷。官庄为清朝官府直领之地,旗屯为一般旗人占有之地。应当说,在大批关内汉族贫苦农民闯关谋生前的东北地区,在官庄、屯田上进行农业生产的主要是处于奴仆地位的遣犯流人,而不是当地民人。

---

① 《史学集刊》1985年第4期。
② 《吉林通志》卷1。

建设村屯城镇。清朝前期，东北各地村屯城镇建设发展很快。如宁古塔、新城、吉林乌拉、拉林、珲春等都发展成为中心城镇。这些城镇建设的主力是流人。松花江上游的船厂（吉林乌拉），顺治十五年造船于此。这里逐步形成为商业城市，中土流人千余家，西关百货聚集，旗亭戏馆，无一不有，为塞外一都市。这里又是军事重镇，康熙十五年春移居宁古塔将军于此。"建木为城，倚江而居，所统新旧满洲兵二千名，并徙直隶各省流人数千户居此，修建战舰40余艘，双帆楼橹，与京口战船相类，又有江船数十，亦具帆樯，日习水战，以备老羌。"① 自康熙五十二年起，发遣人犯陆续发往三姓地方，并赏给驻防兵丁为奴。赏奴的不断输入，带来了内地先进生产技术，增加了当地劳动力的来源，这无疑对三姓等地的建设开发具有重要作用。筑城工匠皆为流人。

抗俄侵入的重要力量。清朝前期，抗俄的战场，主要在黑龙江、松花江、乌苏里江的三江流域，训练水手参战是当务之急。顺治十五年于吉林船厂修造战船，顺治十八年设吉林水师营，康熙二十二年组织大型运粮船队，其水手、船工、夫役等，基本上从流人中挑补。康熙二十四年，黑龙江、墨尔根二城需重兵把守，于是流徙宁古塔、乌拉的罪人，俱入兵数发往。乾隆十年六月，黑龙江将军傅森疏称："本处水师营内，发遣当差人犯，俱系顺治、康熙年间，发往宁古塔等处安插之人。后因征俄罗斯，作为鸟枪、水师二项兵出征，凯旋后编为六个佐领，令入旗

---

① 高士奇：《扈从东巡日录》下。

披甲,录用官员。"① 由此可见流人在巩固边疆保卫边疆的斗争中起了很大的作用。

促进了民族之间的融合。清政府为使流人安于戍所,在发配地终身为奴,允其携妻带子一同前往,数世而后,子孙繁衍,生齿日盛,且给旗人、披甲人、新满洲、索伦、达呼尔、穷兵丁、贫人等为奴,必然形成以满汉为主的众旗杂居局面,为各族人民间的经济文化交流以及他们之间的血统融合创造了条件。汉满杂居,势必造成血统的混合。长期以来,发遣东北的人犯,其后裔渐俱长成,相联姻戚,在各城居住,已有相当数量。清朝政府后来规定,发配人犯,所生女子或许嫁他处,或寄养于人,不得查禁。康熙四年八月刑部议复,宁古塔将军巴海,咨请宁古塔流徙民人内,有嫁女旗下者,应从使便,唯本身之妻家属,不许卖与旗人。流人的增多还促使了东北商业的发展,经济文化的交流。吴汉槎《寄顾舍人书》云:"流人之善贾,皆贩鬻参貂,累金千百,或至有数千者。"《柳边纪略》云:宁古塔"凡东西关之贾者,皆汉人。"宁古塔一带,清初当地土民不知种菜蔬,汉人教其种菜蔬,不知养蜜蜂,汉人教以煎熬之法,始有蜜。"遇喜庆事,汉人自为蜡烛,满洲亦效之。"② 清初东北荒寒地带文化落后,汉人教他们识字念书和礼仪退让的节度。读书人流戍到东北的,大都以教书为业。许多名僧,流戍东北,提倡教化。

以上所讲虽然是就整体上指出流人对东北边疆开发保

---

① 《高宗实录》卷243。
② 《宁古塔纪略》。

卫的重大作用，毋庸置疑，山东的流人在其中是占有重要位置的。同时，这里也必须指出，清初流人在开发，建设和保卫东北边疆方面诚然是一支不可忽视的方面军，但是，由于乾隆之后，流人逐步改放于"各省烟瘴地方"，因而流人的人数又毕竟有限。而且，其从事的耕作、劳役等活动也有着一定的局限。所以，对流人开发建设和保卫东北的作用也不宜估计过高，而真正起到开拓作用的，倒是其后冲破封禁闯关的山东及其邻省的广大流民。

（二）清代的流民

　　清代二百多年间，山东闯关流民究属多少？历史上也无具体记载。胡焕庸先生曾说：东北三省人口增长史，显示着冀、鲁、豫三省人口外移的过程。我们可从清代东北人口增长史来推断山东闯关流民的数量。

　　东北人口到清代才开始有比较详细的数字。但是，在顺、康、雍三朝只有丁数，没有口数。所谓"丁"，通常是指男子壮丁，老小男子以及全部妇女不包括在内。通常每户丁数在一人至两人之间，每户男、女、大、小口数在五人至六人之间，丁数乘以五，可作为近似口数。据《清朝文献通考·户口》篇，顺治十八年（1661年）奉天（指东北）丁数为五千五百五十七（折合二万七千七百八十五人）；康熙二十四年（1685年）丁数为二万六千二百二十七（折合十三万一千一百三十五人）；雍正二年（1724年）丁数为四万二千二百一十（折合二十一万一千零五十人）。清初六十三年间（1661—1724年），增加人口近二十万，增长近十倍。从乾隆起，不再用丁数，一律改用口数。乾隆十八年（1753年）人口二十二万，此后到嘉庆十七年（1812年）不到六十年就增长到一百二十四万人，增长了五倍；到光绪十七年（1891年），不到八十年的时间里，人口超过五百万，又增长三倍；以后二十年间，到清末的1911年，陡增到一千八百四十一万人，又增长近三倍。（见表1-1）

表1-1　　1753—1911年全国和东北人口数　　　（万人）

年　代	全国	东北	奉天（辽宁）	吉林	黑龙江
乾隆十八年（1753年）	10275	22			
乾隆二十二年（1757年）	19034	42			
乾隆二十七年（1762年）	20047	67			
乾隆三十二年（1767年）	20983	71			
乾隆五十一—五十六年平均	29699	97	82	15	
嘉庆十七年（1812年）	36169	124	94	30	
道光十一—十九年平均	40322	248	216	32	
道光二十一—三十年	42126	273	241	32	
咸丰元年（1851年）	43189	290	258	32	
同治元年（1862年）	25541	316	283	33	
同治十年（1871年）	27531	330	297	33	
光绪七年（1881年）	31247	455	421	34	
光绪十七年（1891年）	34109	551	462	55	
光绪二十四年（1898年）	36144	542	464	78	
宣统三年（1911年）	36815	1841	1102	554	186

资料来源：胡焕庸：《东北地区人口发展的回顾与前瞻》。

我们再将清代东北人口增长情况同全国作一比较。

1749年全国人口为一亿七千七百四十九万，东北（奉天）人口为四十万，仅占全国总人口的百分之零点二；1767年全国人口为二亿零九百八十三万，东北（奉天）人口七十一万，占全国总人口的百分之三点三八；再到1911年全国人口为三亿六千八百一十五万，东北人口一千八百四十一万，占全国总人口的百分之五。

  由此可见，东北人口增长史显示了两个特点：一是人口增长的速度快；二是人口增长的数量多，这种趋势在清朝晚期尤为明显。在这里移民特别是山东贫苦农民移居东北是一个极其重要的因素。1911年的一千八百四十一万东北人口，包含原有人数、自然增长和大量移民。据估算，由鲁、冀、豫三省移入的贫苦农民可达一千万人，而其中以山东为最，约占百分之七十至百分之八十。由此推断，清代山东移往东北的流民约在七百万人至八百万人之间。

  清代山东进入东北地区的流民，呈现以下几个特点：

  一是流民进入东北的速度和数量均呈递增趋势。这是清朝各种内部矛盾发展的结果，后面讲到清政府封禁东北政策的时候还要详细讲到这一点。

  二是流民分布于各地。有的北出口外，进入内蒙古，康熙年间来往口外流民十余万口。山东流民最主要的是进入东北三省。鲁东大都泛海到辽东半岛，然后北进，散居在东三省各地。鲁西大都沿陆路进入山海关，然后进入吉林、黑龙江各地。就其移民过程来讲，开始是定居于辽河流域，之后渐次北进，至嘉庆道光年间，已经大量进入黑龙江地区。流民沿奉天至吉林官道北进，大体在1796—1820年先进入吉林地区，其后又分两路进入黑龙江地区。一路自吉林、伯都讷沿嫩江两岸逐次进入黑龙江省西部地区，这部分流民大多数成为郭尔罗斯后旗（今黑龙江省肇源县）、杜尔伯特旗（今黑龙江省达县附近）等蒙古王公的佃户。另一路更多的流民则经双城堡至呼兰，并以此为据点沿旧官道北上，进入今绥化、海伦、青冈、拜泉一带。也有一部分进入宁古塔等东部地区。1904年之后，清政府实行了移民招垦政策，在吉林、黑龙江两省各县设立招垦局，统一管理移民事务，山东贫苦农民更加"蜂攒蚁聚"，遍布于东北各地。

三是性别单一，年龄构成轻。山东进入东北地区的流民，其性别构成和年龄构成，虽无详细记载，但在1866年清廷始许汉族妇女出关垦荒之前，可以断定，其年龄和性别大都是二十岁至四十岁之间的男性青壮年。1866年清廷准许妇女出关后，老人、小孩妇女才随家陆续进入东北各地。

四是从事的职业以农垦为主，兼有其他各业。清代山东进入东北的流民所经营的职业大致有两个时期。第一个时期为清代初年，在这个时期山东进入东北的流民数量并不太多，大多数从事于采参、淘金、砍伐森林，猎取兽皮等。人参、珍贵木材及其他紫貂、碧狐、金沙、东珠等皆为东北名贵产品，对山东等关内汉民有着强烈的吸引作用。采集这些名贵产品者日渐繁盛。如采参的称为"走山者"，他们不顾清政府有关人参不准私采的禁令，常常成群结队驮负粮布，深入深山。"吉林各处除卡伦以外，皆系采参之山，不准流民潜往砍伐树木，但并不实施稽查，以至流民潜往者竟至一千余户之多，各流民盖房垦地，其人口已达至五万七千余名。"① 康熙元年明令东北人参过山

---

① 《吉林通志》卷3。

海关与貂皮、东珠等天然产物同时限制夹带。由此可见流民采参，狩猎等业之盛。康熙初年史料记载："乌拉、宁古塔一带人参挖掘已尽，官私走山者非东行数千里到赫哲族居住的森林地带或乌苏里江外，否则是采掘不到的。有些采参、淘金人入山既远，一去不返。年代久了，乌苏里江地区也出现了一些汉族人民以耕种为生的村落和淘金人口集中的地点。"① 第二个时期为土地经营时期。康、乾两朝虽禁令森严，而山东流民进入东北者却源源不绝，且渐以耕作为其主要事业。清初、中期的流民进入东北地区，他们既没有土地，也无开垦权，于是"始而为佣，继而为佃"，借旗田之名，额外开荒。来自"冀鲁无业游民，先为旗人屯垦地所雇佣，以事劳役，后以土地丰饶，每年略出租金，租得旗人土地，从事耕作"②。有的私自开垦土地，"初山东人入境者即集合同族，建造所谓家屋之窝棚，以为根据地，开始在附近土地烧荒。第一年种荞麦；第二年起顺序栽种高粱、稻粟"③。一部分人成为地位较高的自耕农。清末期的招垦，山东等地去的汉民便可领取荒地，以事开垦。随着农业的发达，山东等省流民开始经营商业，开办商店。此类商店多系山东等地有巩固基础营业之分支，多取杂货店形式。商品以烈酒居多，棉花、靴、帽、菜品等次之，兼营兑换金钱，发行支票，收发书信。此后总行设在交通便利的地方，用以统辖各支店，于是城镇随之兴起。一部分人便流向新兴城镇，从事泥、木、瓦、铁各匠，各种手工业者和力役，成为

---

① 《中国代近史稿》，第277页。
② 汤尔和：《黑龙江》。
③ 《禹贡》第3、4合期，第109页。

城镇贫民。

　　山东进入东北地区的流民如此之多，主要是山东社会内部矛盾发展的结果。首先是人口增长与土地增长不相适应的矛盾。清初由于长期的社会动乱，山东赤地千里，地土荒芜，有一户之中，只存一二人，十亩之田，只种一二亩者。社会破败凋残，人口亡失严重，下降到四百万人。顺治十八年，社会恢复，招集流散，山东人口达到八百八十万，比顺治初增长一倍。康熙朝廷注重安定社会秩序，恢复和发展生产，实行奖励垦殖、轻徭薄赋、与民生息的政策，采取清除隐占、整肃吏治和普行蠲免等措施，山东人民得到休养休息之机会，人口逐年增长。从顺治十八年（1661年）起，历经康熙至雍正二年（1724年），发展到一千一百三十九万人，增加近三百万人。这恰恰体现了"康熙之治"的缓慢形成过程，同时也为乾隆年间山东人口的发展准备了坚实的社会基础。乾隆时期经过顺、康、雍三朝九十年的和平发展，一改清初破败局面，社会沿着"康熙之治"而达"乾隆盛世"，伴随而来的是山东人口大发展的时期。从雍正二年（1724年）到乾隆三十二年（1767年），山东人口由一千一百三十九万人猛增至二千五百六十三万人，增加了一点二五倍。脍炙人口的"盛世滋生人丁，永不加赋"，是乾隆一代山东人口大发展的决定因素。道光十年（1830年），山东人口已突破三千万大关，咸丰元年（1851年）达三千三百二十六万人。咸丰同治以后，山东人口增长速度逐步缓慢下来，但到光绪二十四年（1898年），人口已达三千七百七十八万。由此看来，清代确实是山东人口发展史上的一个关键时期。（见表1-2）

表 1-2　　　　　　清代历朝山东省人口数

年　代	人口数（千人）
顺治十八年（1661）	8798（换算）
康熙二十四年（1685）	10554（换算）
雍正二年（1724）	11391（换算）
乾隆十八年（1753）	12769
乾隆三十二年（1767）	25634
嘉庆十七年（1812）	28958
道光十一—十九年平均（1830—1839）	31235
咸丰元年（1851）	33266
同治元年（1862）	34117
光绪元年（1875）	35463
光绪七年（1881）	36095
光绪十七年（1891）	37096
光绪二十四年（1898）	37789
宣统元年（1909）	29556

资料来源：梁方仲：《中国历代户口、田地、田赋统计》。

　　清代人口迅猛增长，而耕地的增加却极为有限。清初由于实行奖励垦殖的政策，耕地增加较快，顺治十八年（1661年）耕地为七千四百一十三万亩，到康熙二十四年（1685年）时，增加到九千二百五十二万亩，增加一千八百三十九万亩，在短短的二十四年中，耕地面积增长了百分之二十四点八。但是往后就逐渐缓慢下来了，一直到同治十二年（1873年），山东土地仍在一亿亩以内徘徊。到光绪十三年（1887年）才增加到一亿二千五百九十万亩。按人平均占有田地，从顺治十八年（1661年）至乾隆十八年的九十二年间，人均耕地由八亩下降到七亩多。往后

下降更快，从乾隆三十一年（1766年）至光绪十三年（1887年）人均耕地始终在两三亩之间徘徊。（见表1-3）

表1-3　　　　　　　　清代山东省田地数

年　代	田地（千亩）	人口数（千人）	人均田地（亩）
顺治十八年（1661）	74133	8798	8.43
康熙二十四年（1685）	92526	10554	8.77
雍正二年（1724）	99258	11391	8.71
乾隆十八年（1753）	99347	12796	7.76
乾隆三十一年（1766）	98914	25634	3.86
嘉庆十七年（1812）	98634	28958	3.40
咸丰元年（1851）	98472	33266	2.96
同治十二年（1873）	98472	35129	2.79
光绪十三年（1887）	125941	36694	3.43

资料来源：梁方仲《中国历代户口、田地、田赋统计》。

罗尔纲先生对解放前中国的南、北方生产力水平作过综合估计，认为中国每人要三亩土地可以维持生活，美国人贝克（Oe Baker）也认为，北方人民每人四亩，南方三亩余方能维持生活[1]。罗氏与贝氏估计十分接近。明末清初的杨履园说："百亩之土可养二三十人。"[2] 即每人三点三亩到五亩，平均四点一五亩便可得生计。考虑到二十世纪比十八世纪生产力略高的情况，罗氏、贝氏、杨氏的估计实际上是不谋而合的。"约得四亩便可得

---

[1] 《太平天国革命的人口压迫》，《中国社会经济史集刊》卷8。
[2] 《杨园先生全集》卷5。

生计",这在清代是一个有价值的指标。可以用这个土地与人口比例常数作为划分人口过剩标准,叫作"温饱常数"。以此来观察清代历朝山东土地与人口比例变动情况,便可看出人口对土地的极大压力。乾隆三十一年(1766年)即降到"温饱常数"之下(三点八六亩),咸丰元年(1851年),同治十二年(1873年)竟降到三亩以下。

在封建社会中,农业是主要的生产部门,土地则是其中的主要生产资料,人口激增造成人均耕地的减少,必然要在社会的上上下下激起强烈的反响,引起人口的流动。

清朝统治者对当时人口与土地之间存在着的尖锐矛盾,早已有所察觉。早在康熙四十六年时,玄烨就已指出:"地亩见有定数,而户口渐增,偶遇岁歉,艰食可虞。"①康熙四十九年时他又说:"民生所以未尽殷阜者,良田承平既久,户口日蕃,地不加增,产不加益,食用不给,理有必然。"②他指出人口太多,正是生活难以改善的原因。康熙五十二年又说:"今岁田禾大收,即芝麻棉花皆得收获。如此丰年,而米粟尚贵,皆由人多田少故耳。"③

朝廷内外各官员对此也议论纷纷。乾隆十三年(1748年),在朝内曾就"米贵之由"进行了一次大讨论。这次讨论一致认为"生齿日繁"是米价上涨的主要原因之一。有人认为:"盛世滋生人口日众,岁时丰歉各处难一,以

---

① 《清实录》卷231。
② 《清实录》卷244。
③ 《清朝文献通考》卷2。

有限之田土，供日增日广之民食，此所以不能更有多余。"① 山东等省的封疆大吏们无不异口同声诉说：户口渐增，百病以人多为首。

当时一些有识之士，也看出人口问题的严重性。乾隆年间著名的学者洪亮吉在研究了人口和耕地之后，认为人口的增长快于耕地的增长，必定会造成社会动荡。他说："高曾之时，隙地未尽辟，闲廛未尽居也。然亦不过增一倍而止矣，或增三倍五倍而止矣，而户口则增至十倍二十倍。"②

正是由于这种状况，山东东部各州县，山多地少，人烟稠密，"山峦海滩，开垦无遗"，登、莱二府人民，大量漂泊异乡，到关外觅食。

其次，土地的高度集中，土地占有关系的畸形发展，又加重了人多地少的严重性。明清之际，山东省经历了农民起义的扫荡，地主阶级受到很大的打击，阶级矛盾有所缓和，封建关系得到一定的调整。但是，为时不久，一旦社会秩序安定，地主阶级又用种种办法，把农民手中的土地夺为己有，土地集中又严重起来。鲁南胶东各府州县是大地主集中的地区。如沂州府莒县大店镇庄姓大官僚地主，自明至清三百余年，世代相承，占有土地五万多亩，横跨苏、鲁两省七县，共有田庄七十多个，佃户两千多家③。日照县丁氏大地主起于清朝康熙年间，到道光时，丁家父死子继，积有土地四五千亩，出租于佃户耕种，丁

---

① 《皇朝经世文编》卷39。
② 洪亮吉：《卷施阁文甲集》卷1，《意言·治平》。
③ 《大店庄阎王罪恶史》，《文史哲》1965年第4期。

氏"坐地分租。"① 莱州府潍县，在乾隆时有丁、岳、郭、王四大姓，土地几占半县，都是有名的大地主。郑燮于乾隆前期出仕潍县令，曾作《潍县竹枝词》四十首，其中有："绕郭良田万倾赊，大多归并富豪家"的诗句②。济南府章丘县旧军镇孟家，从康熙末年起即经营土地兼营商业，是一个全国闻名的大商人兼地主。鲁西南的曹州府单县，康熙末年，"膏腴之产，恒归素封。胼胝小民，仅守洼瘠，操末耡者，虽十之七八，要皆佣田居多，与业主分收籽粒。"③ 山东有广植经济作物的经营地主，如汶上、郓城两县交界处，"多殷实之家"，"其地肥饶。木棉一亩，可拾（棉）二百斤，有万亩之家者"④。这样大面积种植经济作物，在全国实属罕见。至于兖州府曲阜县孔府这个历代相传的大地主，在清朝最盛时占有一百多万亩土地。山东各地遍布各种类型的地主，拥有田产相当多，土地集中的程度居于全国的前列。1684年康熙帝召见山东巡抚张鹏，谈到山东省农民四出逃亡问题时，他承认，这种逃亡是由于"地方势豪侵占良民田产"所致，训令张鹏到职后，"剪除势豪"。事实上自康熙以后，土地兼并非但制止不了，而且许多贵族官僚都是土地兼并者。与土地兼并相伴随，则是封建剥削的日益加重，迫使许多小土地所有者和自耕农，不断失掉土地，沦为佃农或破产，致使山东人民的生活水平"甚至低于他们身体需要的最低限度"。⑤

---

① 《日照丁氏族谱》。
② 《郑板桥集·潍县竹枝词》。
③ 《康熙单县志》卷1，《风俗》。
④ 《康熙濮州志》卷2，《风俗》。
⑤ 《马克思恩格斯全集》第25卷，第210页。

康熙帝在四十二年（1703年）供认："东省与他省不同，田间小民，俱系与有身家之人耕种。丰年，则有身家之人，所得者多，而穷民所得之分甚少，一遇凶年，自身并无田地产业。强壮者，流离于四方，老弱者，即死于沟壑。"① 乾隆帝在谈到山东百姓的生活景状时也说："岁偶不登，间阎即无所恃，南走江淮，北出口外，揆厥所由，实缘有身家者不能赡养佃户，以致滋生无策，动辄流移。……东省贫民……仰扣无门，不得不求食他乡。"②

最后，连续的自然灾害，使山东广大的贫苦农民生活无着，不得不大量逃亡东北。

清代山东历年水旱自然灾害频繁，几乎是无年不灾，无处不灾。（见表1-4）据统计，在清代的二百六十八年中，山东曾出现旱灾二百三十三年次，涝灾二百四十五年次，黄运洪灾一百二十七年次，潮灾四十五年次。除仅有两年无灾外，每年都有不同程度的水旱灾害。按清代建制全省一百零七州县统计，共出现旱灾三千五百五十五县次，涝灾三千六百六十县次，黄运洪灾一千七百八十八县次，潮灾一百一十八县次，全部水旱灾害达九千一百二十一县次之多，平均每年被灾三十四县，占全省县数的百分之三十一点八。各种自然灾害之严重，超过全国其他各省。

先说旱灾。特大旱灾三次，出现于康熙四年（1665年）、乾隆五十年（1785年）和光绪二年（1876年），平

---

① 《圣祖实录》卷213。
② 《高宗实录》卷309。

表 1-4　　清代山东水旱灾害分类综合统计表

灾害性质	指标名称	灾情分类				合计
		特大	大	中	小	
旱灾	出现年次数	3	17	41	172	233
	平均次间年数	89.3	15.8	6.5	1.6	1.2
	累计成灾县数	282	1033	1358	822	3555
	平均每年次成灾县数	94	61	33	5	15
涝灾	出现年次数	3	10	53	179	245
	平均次间年数	89.3	26.8	5.1	1.5	1.1
	累计成灾县数	271	587	1633	1169	3660
	平均每年次成灾县数	90	59	31	7	15
黄运洪灾	出现年次数	6	20	39	64	129
	平均次间年数	44.7	13.4	6.9	4.2	2.1
	累计成灾县数	287	622	642	237	1788
	平均每年次成灾县数	48	48	18	4	14
潮灾	出现年次数					45
	平均次间年数					6
	累计成灾县数					118
	平均每年次成灾县数					3
合计	出现年次数					625
	平均次间年数					0.4
	累计成灾县数					9121
	平均每年次成灾县数					14

注：1. 旱、涝灾分类标准：被灾 80 县以上者为特大，50～79 县者为大、20～49 县者为中，不足 20 县者为小。

2. 黄运洪灾分类标准：被灾 40 县以上者为特大，25～39 县者为大，10～24 县者为中，不足 10 县者为小。

3. 海潮为灾较少，不分类统计。

均九十年一次。特大旱灾的特点是成灾范围大、旱期长、灾情重。例如,康熙四年的特大旱灾,全省一百零七州县无一幸免,除胶东半岛"麦收十之二、三,秋禾间有播种",灾情较轻外,其他各州县则"麦田颗粒无收,秋禾也多未播种",许多州县出现"大饥、人相食"的惨状。公元1785年和1876年两个特大旱年,成灾县数分别为七十八县和九十七县,许多州县有"草木皆枯"、"人多饿死"、"道多饿殍"、"人相食"等怵目惊心的记载。大旱灾十七次(见表1-5),平均每次成灾六十一县,被灾的县其灾情不亚于特大旱灾,特别是具有连续出现的特点,十七个大旱年中就有十年是特旱、大旱连年出现的,这就具有更大的危害性。清代共出现中旱年四十一次,小旱年一百七十二次。中、小旱年虽成灾范围较小,但受灾地区的灾情仍然是相当严重的。例如县志中记有"大旱,无麦"、"饿殍载道"、"大饥,人相食"的年份。这种状况,在中旱年中有五年,在小旱年中有六年,计达十一年次之多。

再说涝灾。清代山东共出现涝灾二百四十五次,占清代总年数的百分之九十一点四,可谓十年九涝。特大涝年三次,出现于康熙四十二年(1703年)、雍正八年(1730年)、乾隆四十七年(1747年)。特大涝年灾情极为严重,例如,康熙四十二年的特大涝灾,共成灾九十四州县,其中记载"人相食"的有聊城、茌平等二十五县;记载"饥,多饿殍"及"饿殍甚重"的有寿张、信阳等四县;记载"民死大半"的有文登等三县;记载"饥"和"大饥"的有滨州、寿光等二十九县。1730年的特大涝灾,成灾八十三县,《莒州志》载:"夏五月初淫雨,连绵四

表 1-5　清代山东十七个大旱年灾情统计表

出现年代			成灾县数	灾情摘要
公历	朝代年号	年数		
1670	康熙	9	54	麦季绝产，秋收大量减产
1721	康熙	60	50	麦季无收
1722	康熙	61	51	麦季无收，秋收减产
1732	雍正	10	55	麦收不足五成，秋收减产
1778	乾隆	43	71	麦收无几，秋收大量减产
1786	乾隆	51	68	麦季无收，秋收尚可
1787	乾隆	52	69	麦收大量减产
1811	嘉庆	16	79	麦、秋两季减产均在五成以上
1812	嘉庆	17	58	出现大饥，民多逃亡
1813	嘉庆	18	71	麦无收，出现"人相食"
1825	道光	5	60	麦、秋两季均近绝产，大饥
1835	道光	15	54	麦无收，出现大饥
1836	道光	16	52	麦减产，秋近无收，出现"人相食"
1847	道光	27	66	麦收、秋收均绝产，大饥
1856	咸丰	6	58	麦、秋两季均绝产，出现"人相食"
1859	咸丰	9	55	麦无收，秋减产
1877	光绪	3	63	麦收、秋收均近绝产，饿死甚多

十余日，六月十九日大雨如注，七昼夜无一时止息，二十日洪水横流……平地深渊……二十五日冲毁城垣，城门北关只存房屋七间，淹死五六千人。……乡区村庄，坟墓骸骨，随波而起，沙压良田，桑沧尽变，人畜漂流，不可胜言。"《定陶县志》："遍地皆水，墙垣多坏，民多逃亡。"《滕县志》："大水，藻满市，人相食。"《泰安志》："泉涌

溢，坏民田，庐殆尽。"可见灾情之严重。大涝年出现十次，其灾情统计如表1-6。中小涝年出现更为频繁，中涝年约五年一遇，小涝年一年一遇，几乎年年成灾。

表1-6　　　清代山东十次大涝年灾情统计表

出现年代			成灾县数	灾情摘要
公历	朝代			
	年号	年数		
1739	乾隆	4	72	秋收减产七成左右
1771	乾隆	36	60	秋收减产五成以上
1811	嘉庆	16	59	秋收近绝产，出现大饥
1822	道光	2	51	秋收减产七成左右
1835	道光	15	58	秋收近绝产，出现大饥
1840	道光	20	62	秋收减产五成以上
1844	道光	24	55	秋收减产五成以上
1848	道光	28	62	秋收减产五成以上
1879	光绪	5	52	秋收减产五成以上
1911	宣统	3	56	秋收减产五成以上

黄运洪灾。清代山东共出现黄运洪灾一百二十九次，成灾县数总计为一千七百八十八县次，平均每年有六点七县次被灾。黄运洪灾，以黄河决口造成的灾害最为严重，往往造成毁灭性的灾情。尤以咸丰黄河改道后更为频繁和严重。(见表1-7)

清代山东沿海地区出现潮灾四十五年次，成灾一百一十八县次。特大潮年潮内浸里程远，受灾范围广，人畜伤亡、房屋倒塌、碱废土地多，破坏性极为严重。例如康熙七年（1668年）特大潮灾，《无棣县志》载："春三月，

表 1-7　　清代山东黄河改道前后洪灾比较表

时期	清代年数	出现洪灾年次数					合计洪灾平均次间年数	累计成灾县数	平均每年成灾县数
		特大	大	中	小	合计			
咸丰改道前	212	3	5	12	18	38	5.6	519	2.4
咸丰改道后	56	3	14	22	13	52	1.1	966	17.3
合计	268	6	19	34	31	90	3.0	1485	5.5

海潮南溢八十里，溺死数百人。"《沾化县志》载："三月海溢数十里，人畜死者千百计。"

自然灾害所造成的后果，是农业经济的大破坏和人口逃亡。乾隆十一年（1746年）、乾隆十二年（1747年）连续水灾。仅乾隆十二年《清实录》上就有多次记载受灾百姓出口闯关东的事。二月初七日乾隆帝谕旨："闻山东省穷民，外出者甚众。"二月初八日乾隆帝在谕旨中又讲："山东流民，出口觅食"，"古北口等处，流民四出，近日二、三千人之多。"二月二十九日乾隆帝谕旨："东省被灾州县，上年喀尔吉善办理赈务未妥，以致流民出口。"九月二十七日乾隆帝谕旨中又称："山东被灾，有携眷、单身贫民，前往口外热河等处，投种地觅食。"

嘉庆十六年（1811年）、嘉庆十七年（1812年）连续出现大旱，灾情波及七十九县、五十八县，出现大饥，民多逃亡。嘉庆十七年四月四日据和宁等奏称："奉天海口自开冻以来，山东民人携眷乘船来岸者甚多，咸称因本处年成荒歉，赴奉谋生。各贫民已渡至海口，人口较多，势难阻回。"

道光二年（1822年）据御史孙贯一奏："山东水旱灾害，连年歉收，登州、青州、武定三府，产粟无多……"，"山东望奉天之粟甚殷，逃荒乞食，络绎满路。"

道光十五年（1855年），五十四县遭旱灾，麦无收，出现大饥，"人相食"。是年奕经等奏："山东登、莱、青三府民人，因本处年岁歉收，携眷赴奉天依亲就食，前后约有八九千人，其各海口停泊处所，查有下船流民五百六十二名口……"

光绪二年，山东各处多年大旱，"田既无收，人因鲜食，故扶老携幼，结队成群，相率逃荒于奉锦各属，以觅宗族亲友而就食"。①

不难看出，在清代山东人多地少，土地集中，再加酷烈的自然灾害，有多少贫苦农民被迫走上背井离乡的凄惨道路，或者"出口"，或者"闯关"，以不可遏止之势向东北流迁。

山东内部矛盾因素有力地推动着山东广大贫苦农民向东北流迁，这是没有问题的。然而东北地区易于求生谋食的有利条件，也是吸引山东贫苦农民流迁东北的重要原因。东北地处国家边陲，居住着各少数民族，散落在荒原大山和江河之滨，从事狩猎和渔牧，而且人口流动性很大。由于受明清战争的影响，辽河流域的汉族人口多半逃亡，生产力遭到破坏。清初又有几十万满人入关，东北地区人口相继减少，农业经济又亟待开发，劳动力极为缺乏，在客观上就成了吸收和容纳山东流民的场所。同时，"一六八四年中俄战争结束后，汉人于东北之富庶更加了

---

① 《申报》光绪二年八月二十四日。

然，盖从军将士身历其境，目击千里之膏腴，班师回来，辗转传述，遂使汉人出关之念油然而生矣。且中俄战后，清廷亦感东北之急需开发，故除多设官司，改善交通外，复于各重要市镇设置驿站，以致人民闻风响往者日众。"①除此之外东北土地税轻，地租少，粮价低廉等这都有利于流民"求生觅食"。与山东省比较，清代东北在光绪以前，基本上实行轻赋政策。顺治十五年（1658年）"始定征赋之制"，每亩征银三分。同一时期，"山东省每亩纳银三分二厘粮五合三勺"②。历经康熙，雍正几朝调整，东北民赋略有上升，各县之间也不统一，但始终是"重在招垦，课赋从宽"③。以光绪朝田赋较重的开原县为例，"加赋地"每亩岁征银八分八厘米四勺二抄五撮。"清赋升科地"亩征银五分五厘，"插花地"亩征银一钱九分八厘，"花户地"亩征制钱一吊九百九十文④。同一时期，山东省文登县中户，丁银加耗羡亩征银九钱九厘一丝⑤。临清县亩征制钱四吊八百文⑥。光绪朝山东田赋率，普遍高于东北南部二倍到四倍，更高于柳条边外和吉、黑地区各地四倍以上。在租佃方面，据统计，光绪二年（1876年）的奉天所属地租，一般是土地收益的三分之一到七分之一，光绪十四年（1888年）以后略有上升，约占收获的"五分之二或七分之三不等"，光绪三十四年（1908年）以后再上

---

① 《禹贡》半月刊，卷6，第3、4合期。
② 梁方仲：《中国古代户口田地田赋统计》，第391页。
③ 《永吉县志》卷15。
④ 《开原县志》卷7。
⑤ 《文登县志》卷3。
⑥ 《临清县志》第4册。

升，约占总收入的百分之十四到百分之四十七左右①。而山东省地租率普遍重于东北，如光绪朝的山东莱州，上等土地租额约占总收获的百分之四十九点二，中等土地是百分之五十八点七。宣统二年（1910年）山东全省平均地租占佃户总收入的百分之五十至百分之六十六点七②。一般高于奉天省百分之十九点七至百分之三十五点七，更高于吉黑两省。边外蒙荒地租更较边内为低。从嘉庆开始，内蒙古科尔沁蒙荒，招垦押荒，每报领毛荒一垧交压荒银一两，领地开垦五年升科，每垧大小租制钱五千三百二十文左右。东北粮食价格也较山东为贱。乾隆二十八年（1763年）辽东地区粟米，每石八钱至一两四钱，高粱每石五钱五分至八钱四分，麦每石一两六钱八分至二两二钱，较山东省便宜约二分之一。清末东北粮价已上涨多倍，但仍低于山东省，如果以五口之家每月吃粮一百五十斤估算，以山东省粮价作比较，大约贵于奉天省百分之三十四点二，贵于吉林省百分之五十八点五，贵于黑龙江省百分之二十二点二。综上所述，在清代东北地区较之山东省田税、地租、粮价均低，这对吸引山东流民不能不产生强烈的影响，以至山东流民"闻风而至者不可抑遏"。

  一个国家或地区的移民政策，不能不强有力地影响和制约该国家或地区人口迁移和流动的规模和速度。清政府在其统治的二百六十七年中，对关内流民进入东北，先后采取了初期的招垦（1644—1667年），中期的封禁（1668—1860年），后期的开禁放垦（1681—1911年）三个阶段的

---

① 《中国近代农业史资料》第一辑。
② 《英国皇家亚洲学会中国分会公报》卷23。

政策，其中封禁时期长达近二百年。清政府的这种政策严重地制约着山东贫苦农民在各个时期进入东北的规模和速度。

　　初期的招民开垦政策。清朝定鼎北京之初，在顺治元年至康熙六年（1644—1667年）的二十三年间，曾采取奖励向辽东移民的政策。明清战争之际，辽东人口大量外流，或迁入关内，或避居于朝鲜。后金（清）忙于战争，农业恢复比较缓慢。1644年福临多尔衮进入北京城，八旗兵丁及其家属相继入关，曾俘而为奴的汉人也"从龙"入关。有人估计清初入关者达九十万人之多①，造成东北地区人口锐减，再加上战争的破坏，造成辽东，尤其是辽西走廊荒凉残破的景象。为了恢复农业生产，"充实根本"，在顺治元年、六年、九年，朝廷屡次下令地方官吏"招徕流民，不论籍别，使开垦荒田，永准为业"②。顺治帝在其上任的第八个年头（1651年）就指出："民人愿出关垦地者，令山海关造册报部，分地居住。"③辽阳金静庵先生曰："吾乡故老相传，有顺治八年移民之说，谓吾汉军旗人诸族，悉自关内移来。"④顺治十年（1653年）关内雨潦为灾，房屋倾颓，田禾淹没，兵民困苦，经济状况极为凋零，清政府不得不开放东北以为救济难民之所。是年指定辽阳为府，下设辽阳、海城两县，并正式颁布《辽东招民开垦条例》，按招民的多寡，授以大小官职，并发给移民耕牛、种子、口粮等，以破格奖励和优待的办法，励奖

---

① 《清朝文献通考》卷2。
② 《社会科学战线》1983年第1期。
③ 《大清会典事例》卷166。
④ 《清朝文献通考》卷1。

关内人民出关开垦。"顺治十年定例：辽东招民开垦至百名者，文授知县，武授守备；六十名以上，文授州同州判，武授千总；五十名以上，文授县丞主簿，武授百总；招民数多者，每百名加一级。所招民，每名口给月粮一斗，每地一垧给种六升，每百名给牛二十只"①。此后清帝续颁"恩诏"，叠加优典，以补充原令之效力。如顺治十二年又追加视开垦土地之多寡授官进级有差，或赐匾额，旌表门闾。顺治十五年、十六年，种种优典，有加无已。康熙二年下令："盖州、熊岳地方，安插新民，查有附近荒地房基，酌量圈给，并令海城县督率劝垦，"②康熙五年再下令："以奉天之白旗堡、小河西两处地亩，令民耕种。……广宁、宁远两县旷地，给民开垦。"③

顺治十年以来所设招民授官之例，就当时的形势而言，并非恰当。日人稻叶君山说："夫卖官鬻爵之计，能售与否，要关于政府之信用，满清此际，方始奠都北京，各处战争尚纷纷未已，而遽然出此，其计固已左矣。"④此论颇有见地。

《辽东招民开垦条例》效果如何，论者不一。有的认为"成绩不良"，这种看法尚与历史事实有出入。在招垦优厚条件下，"燕鲁穷氓闻风踵至"。这些穷苦农民"担担提篮，或东出榆关，或北渡勃海"成群结伙出关觅食⑤。从辽东人口增长的情况看，顺治十七年辽阳、海城新增人

---

① 《静晤日记》戊集4。
② 《盛京通志》，《户口志》。
③ 《圣祖实录》卷8。
④ 《东北开发史》，第227页。
⑤ 《黑龙江文物丛刊》1984年第3期。

丁三千七百二十三人，十八年金州新增人丁二百二十九人。奉天府总人丁五千五百五十七人①。康熙元年辽海、金州处又新增人丁四百二十人，康熙七年辽阳等六州县新增人丁二千六百四十三人②。这在当时东北人民大量入关的情况下，不能不说是关内山东等省人民大量出关的结果。从土地开垦情况看，顺治十六年统计，奉天、锦州两府"农田有六百零九顷有奇"③。据皇太极所列举八旗兵丁在入关前的垦地只有三十多顷，顺治年间的垦地比入关前八旗垦地增辟近二十倍。当时荒地虽多，但在民人聚居的地方，海城牛庄都出现了民多地少的现象，政府不得不将马场荒地，准给民人垦种，并将所圈之地还给民间。在招垦令的推动下，山东流民自发地或"泛海"或"闯关"进入东北地区。可见顺治年间和康熙初年，辽东招民开垦虽与当时形势不十分相应，但还是有一定效果的。这不仅有利于社会安定和东北农业的发展，而且对医治明清战争遗留下来的创伤有一定的积极作用。

　　清政府的封禁政策。康熙六年（1667年），玄烨亲政；第二年即康熙七年下令："辽东招民授官永著停止。"④并对出关的汉族民众，实行"事先起票，过关记档"的限制手续。康熙三十年左右"凡出关者，旗人须本旗固山额真送牌子至兵部，起满文票；汉人则呈请兵部，或随便印官衙门，起汉文票。至关，旗人赴和敦大北衙记

---

① 《清朝文献通考》卷19。
② 《社会科学战线》1983年第1期，第187页。
③ 《清朝文献通考》卷1。
④ 《古今图书集成》经济汇编，食货典，卷51。

档验放，汉人赴通判南衙记档验放"①。康熙五十一年定，凡山东人出入关口，都必须查明年貌、籍贯，造册移送。从乾隆开始，对东北的封禁日益强化。乾隆五年（1704年）令奉天沿海地方官，多拨兵役稽查，不许内地人民私自出口，山海关、喜峰口及九边门，亦令一体严禁。乾隆十五年又下严禁流民出口之谕。对已经迁徙奉天的汉人，迫令取保入籍，不愿者限十年内勒令回籍，并令山东等省总督巡抚，严禁商船密航。乾隆二十七年（1762年）颁布《宁古塔等处禁止流民条例》，对柳条边外的吉林和黑龙江地区实行严厉的封禁。这标志着东北封禁政策的真正开始。乾隆四十一年（1776年）再次重申禁令："盛京、吉林为本朝龙兴之地，若听流民杂处，殊与满州风俗攸关。但承平已久，盛京地方与山东直隶接壤，流民渐集，若一旦验余，必致各失生计，是以设立州县管理。至吉林原不与汉地相连，不便令流民居住，今闻流寓渐多，著传傅森，查明办理，并永行禁止流民，不许入境。"②柳条边以西以北的蒙古王公领地，也于乾隆三十七年（1772年）严行封禁，违者照私开牧场例治罪。至此，东北地区已实行全面封禁，吉林、黑龙江则成为封禁的重点。嘉庆中期，虽于事实上无法严禁人民移入吉林，然仍申封禁之令。东华续录载，嘉庆帝八年（1803年）令："兹后民人出入，除只身前往之贸易佣工就食贫民，仍令呈明地方官，给票到关查验，放行造册报部外，其携眷出口之户，概行禁止。"③

---

① 杨宾：《柳边纪略》卷1。
② 《东华录》卷32。
③ 《近代东北移民史略》，第14页。

清政府在东北实行封禁政策，阻止山东等内地汉人出口闯关，其主要原因有三：

一是东北为清朝的"龙兴之地"，必须保持这里固有的尚武精神和骑射本习，因为这是清朝赖以统治全国的军力所在。乾隆四十一年（1776年）谕："盛京吉林为本朝龙兴之地，若听流民杂处，殊与满洲风俗攸关。"因此，"永行禁止"流民入境。道光十三年（1833年）吉林绅士奏请建立考棚，令满汉子弟应试。道光皇帝阅后驳斥道："朕恭阅列祖实录，俱以我满洲根骑射为先"，"况吉林为发祥之地，非各省驻防可比，尤应以骑射为重，何得专以应试为能，转致抛荒弓马旧业。""非朕教育旗人之意也。保昌等率为此奏，殊属忘本，关系不小。保昌、倭楞泰、礼部堂官俱著传旨申饬，所奏著不准行。"①

二是为独占东北土特产。人参、珍珠历来是东北官员向朝廷进贡的主要贡品，一向由皇室贵胄所独占，列为禁品，不准民众采捕。为彻底独占计，将采参之山场及采珠之河流加以封禁。"呼兰城东北一带山河，出产参珠，是以封禁为采参捕珠之地，岁遣官兵巡查，以防奸民侵盗。"② 长白山以产参著称，更被列为禁区。对封禁区内的"紧要隘口或设卡伦"，或"设立封堆"，按时遣官巡查。一切采捕事项，均由专员办理，送达朝廷。

三是在清政府禁令中，特别强调的是在于维护满洲八旗的生计。为了保证满洲八旗兵力的来源，加强对东北人

---

① 《清朝续文献通考》卷95。
② 《黑龙江志稿》卷8。

民的统治和镇压,清政府在奉、吉等地保留一部分上等土地或熟地,仍留作本地官兵及京旗官兵随缺地亩之用,或以备退革兵丁恒产之用。嘉庆八年(1803年)上谕:"东三省为满洲之根基,若许移民杂居,私垦土地,势必危及旗人生计。"

清政府在东北的封禁政策是充满着矛盾的,即一方面竭力限制或禁绝山东等关内贫苦农民向东北流迁;另一方面又常常被迫承认既成事实而弛禁,特别是遇到灾歉的年代,还有意解除禁令,劝诱灾民流往东北垦种。不过总的说来,前者的限制、禁绝是它政策中的主要和本质方面;后者只是为了纠正或弥补前者的失误。

何时严禁,何时弛禁,常随社会条件的变化而变化。一般地说,康熙时候比较偏松,乾隆以后趋向严紧。

康熙年间的封禁政策之所以趋弛,是因为当时封建秩序比较稳定,除山东以外,就全国来说,人口问题并不突出,人口的流迁还不足以威胁清朝的统治。另外,康熙玄烨虽下封禁令,但他对汉人在东北拓垦耕种,发展农业生产,始终不持否定态度。康熙十年玄烨东巡时,指示巴海等人"爱养招徕",对满汉人民"多方劝谕,开垦耕种"。正因为如此,山东人民出关,清廷虽有禁令,但干预不是很多。山东等省人民前往东北种地,户部也按规定给予印票。对于山东偷渡海峡或私越关卡的民众,清政府并不过分深究。康熙帝在五十一年(1712年)五月谈到大批山东民众到"口外种田生理"后说:"若不密留,令伊等何往?"所以只要求"嗣后山东民人有到口外种田者,该抚查明年貌、姓名、籍贯,选册移送稽察,由口外回山东者,亦查明选册移送该抚对阅稽察",使"事情亦得清厘。"①

乾隆以后至嘉庆、道光，情况有所变化，这是因为随着清代社会矛盾日趋尖锐，他们对越来越多的人口流迁可能引起的社会动乱，也更加惊恐不安，所以，对封禁政策也从严掌握。即使如此，在有些情况下也往往因为规定的禁令无法实现而往后退缩。特别是每遇灾歉出现成批百姓外流的时候，清朝统治者害怕矛盾激化，更网开一面，通令有关官府开禁放行。乾隆八年（1743年），直隶天津、河间等府大旱，"失业流民"纷纷出口、出关就食，朝廷即行文密谕边口官弁等，如有贫民出口者，门上不必拦阻，即时放出。乾隆九年，山东等省又大旱，乃援上年之例，仍许饥民出关就食。嘉庆五十七年（1792年），山东等省大旱，清政府不但宣布"分往各蒙古地方谋食者不禁"，并且饬令各州县晓谕灾民："今年关东盛京及土默特、客尔泌、敖汉、八沟、三座塔一带，均属丰收"，要他们各赴丰稔地方，佣工觅食。这实际上是对封禁政策的一种否定。

清朝在东北推行封禁政策，违背了社会生产力发展的需求。封禁策最直接的结果是限制了大批山东等关内汉人移住东北，这不但使山东等关内人口过剩的现象得不到缓解，而且使东北肥沃的土地得不到开垦，物产得不到开发。东北地区的社会经济同内地相比，处于落后状态。这些封禁政策对东北经济的发展，造成了严重的阻碍。这是自鸦片战争前东北社会停滞不前，迟缓落后的重要原因之一。山东等地贫苦农民，为了生存，进行了长期的反封禁

---

① 《圣祖实录》卷250。

斗争，他们不顾清朝的禁令，从古北口、喜峰口或泛海进入东北。盛京吉林的柳条边墙，也阻挡不住流民涌入东北的洪流。同时东北旗人庄主和地方官吏也不欢迎封禁政策。"其各庄园主，一向是渴望人工的，非特不加拒绝，反极尽招徕之能事，于是借垫牛粮籽种，白住房屋，能下田的去下田，能伐木的去伐木，能种菜的去种菜，放羊的去放羊，喂猪的去喂猪，铁匠送到铁匠炉，木匠送到木匠铺，念过书的功名人，则留到府里，教少东人念书，伴老东家清谈。"① 并且"地方官吏亦与之有同一希望，默认流民私垦，以图待时借词没收其地，他方既承认租佃权，增益官府收入，复巧立种种名目，清丈私垦土地，大事收刮。"② 对此清政府已有觉察，嘉庆帝在批复《查办吉林、长春两厅流民折》中指出："流民出口，节经降旨查禁，各该管官，总未实力奉行，以致每查办一次，辄增出新来流民数千户之多，总以该流民等，业已聚族相安，骤难驱逐为词，仍予入册安插，再届查办，复然。是查办流民一节，竟成具文。"这份谕旨显然反映出，流民移动的盛势和地方官府对流民容纳的积极态度。这种局面单靠政令是无法扭转的，因为它违背了东北社会发展的需要。

清政府的开禁放垦政策。咸同之时，太平天国和捻军的起义，清统治者极力镇压，山东民不聊生，阶级矛盾加剧。此时资本主义列强又加紧了对东北三省进行经济、文化侵略，特别是沙俄蚕食东北边疆。在此严重形势下，东北大吏和朝廷内外有识之士，卓有见地地提出"移民实

---

① 钱公来：《逸斋随笔》。
② 稻叶君山：《东北开发史》，第235页。

边"的问题，呼吁"以固边圉"、"以繁生殖"、"以御地宝。"① 咸丰十一年将军特普钦奏言："惟地方辽阔，稽查难周，且向无居民，易启觊觎，尤宜豫为之计。是前因招垦恐与防务有碍，今因防务转不能不亟筹招垦者也。……与其拘泥照前封禁，致有用之地，抛弃如遗，而仍不免于偷种，莫如据实陈明，招民试种，得一分租赋，即可裕一分度支，且旷地既有居民，预防俄夷窥伺，并可籍资抵御，亦免临时周章。"② 实际上咸丰之后，鲁冀游民出关谋生者日益增多，闻风景附，所至益多，蜂屯蚁聚，势难禁遏。清政府面临这种内外交困的形势，对内为了减轻山东等省人口过剩压力，缓和阶级矛盾，增加国家收入，对外实行防御，巩固边防，便导致了东北地区开禁放垦，准许山东民众出关垦殖。

咸丰十年（1860年）开放吉林荒地，黑龙江将军普特钦准许开垦呼兰平野。

咸丰十一年（1861年），开放吉林、双城堡与拉林荒地，舒兰河流域与吉林西域一带土地。

同治三年（1864年），开放伊儿门河流域。

同治五年（1866年），承认垦辟向为金匪巢穴之桦皮甸子。清廷始许汉族妇女出关垦荒。

同治七年（1868年），开放"禁地之禁地"——皇帝狩猎之围场，即盛京围场和吉林围场。

光绪四年（1878年），实行奖励移民政策，吉林将军铭安设立垦务局，指导汉人开垦，并在关门资助移民。

---

① 《东方杂志》1907年第3期，第150页。
② 《近代东北移民史略》，第29页。

光绪六年（1880年），清廷以放荒、免税、补助三事，奖励人民移垦东北，为开放后具体提倡之始。其详细办法分为三项：(1) 凡可耕种之地，每百亩定价四串，卖与人民，但每人以购千亩为限；其无资购买而愿领地耕种者，每百亩纳地租六百文。(2) 官有荒地付民间开垦，初免税五年，俟垦地基础巩固时，每百亩纳租六百六十文，第五年后免税办法，乃特有垦地最少者之规定，至开垦达数千亩以上者，经若干年纳租之后（以垦地多寡，定年限之长短），即归已有。(3) 毗连南乌苏里地方，天寒地薄，往垦者很少，故凡愿移居处者，免纳租税，每户且可领得补助费三十二两。

自光绪二十三年（1897年），中东铁路开始修筑后，俄国计划每年移民六十万至满洲，清廷更注意汉人的出关，准许汉人大批移入东北。以前汉人出关多数集中于南满，此后北满亦为移殖范围。"1897年中东路开始修筑之时，北满只有三处渐已进行殖民，此三处为齐齐哈尔、呼兰、宁古塔，其余铁路所经荒漠之地，皆为游牧部落所居，各部皆有酋长，不相统属。因中东路之修筑，数千工人群集满洲，中国之移民开始北上，该路于1903年6月正式通车，自此以后，中国移民始逐渐增加，以至于今。"[①] 上文中所指"数千工人"，实属估计过低，1900年时，已有关内工人六万五千名[②]。当时中东铁路局在天津、山海关等地设招工处，关内劳力羡其工资之高，群起应募，尤以山东人为最多。中东铁路于光绪二十九年

---

① 朱契：《日本侵略蒙满之研究》，第109页。
② 罗曼诺夫：《帝俄侵略满洲史》。

（1903）正式通车，因而内地移入东北者更多。俄人克罗巴特金说："例如中东路对运输货物固有极大之功能，实则此等货物之搬运，又多于俄国本来之企图不副，结果徒便利中国住民，……据某种统计所载，俄国之三亿金卢布，殆已落于北满华人手中，而造成华人永住其地之一因。总之，中东路乃帮助中国人移住满洲，已成不可否认之事业也。"①

此时，东北边疆之移民垦殖，均由官方倡导，垦局时设，荒地屡放，关内汉人前往者不绝于途，造成空前盛状。当时东北垦务可分九区：（1）额尔古讷河右岸；（2）黑龙江左岸（西北区）；（3）黑龙江右岸（东南区）；（4）图们江右岸；（5）牡丹、绥芬、穆棱诸河上游；（6）乌苏里江左岸；（7）洮儿河流域；（8）鸭绿江上游右岸；（9）鸭绿江下游右岸。经过开垦，各区人口皆有显著增加。光绪三十三年（1907年）辽宁、吉林、黑龙江三省人口达一千六百多万人。至此，山东等省破产农民，以不可阻挡之势，源源不绝流迁东北。

清代山东破产农民流迁东北，对清代东北历史的发展，东北边疆的开发和保卫等方面，均有伟大贡献。

山东流民是开发东北的主力军。"山东人实为开发东北之主力军，为东北劳力供给之源泉。荒野之化为田园，大半为彼辈之功。其移入东北为时既久，而数量又始终超出其他各省人之上。登莱青与辽东一衣带水，交通至便，彼土之人。于受生计压迫之余，挟其忍苦耐劳之精神，于

---

① 《东北开发史》，第370页。

东北新天地中大显身手,于是东北沃壤悉置于鲁人耒锄之下。"① "鲁人之勤勉耐劳,为各省之冠。而农业知识亦为他省人所不逮。顺治、康熙时代,虽厉行封禁政策,而鲁人之经营满洲,未尝稍懈,一旦警戒弛缓,其移置开垦,自呈突飞猛进之观也。"② 这些论述绝无丝毫夸大之词,如实反映了山东流民对开发东北的巨大贡献。

正是由于山东等省流民的奋力开垦,扩大了东北的耕地面积。以黑龙江为例,1862年至1886年的二十四年间,全省即开荒七十五万余垧,平均每年开荒二万八千垧。1904年至1908年,清政府被迫开放荒地五百七十二万二千八百六十四垧,平均每年放出一百一十四万四千五百七十垧,1904年至清末,共放荒地六百九十七万五千九百九十五垧。这里需要指出的是:清朝统治者为了防止汉流民取得东北耕地的所有权,乾隆初实行过所谓"京旗屯垦",妄图通过这一活动,叫京中旗人掌握东北边疆耕地的所有权。然而坐食成性的京旗人,却始终视屯垦为畏途,耗费重金而来,相率而逃。后来清朝统治者又迫士兵屯垦,也因"兵惰不耐耕"而未能奏效。只有山东等省的汉族流民,才是东北广大地区的真正开垦者。

东北地区由于山东等省流民的开发,粮食产量不断增加,生产的粮食不但足供本地之食,而且可以大量外运,成为当时重要商品粮基地。关外的奉天等地,"土宜稼穑,收获之多既倍于他省,粮价之贱亦丰于内地","每遇丰收之年",竟有"熟荒之虑"③。山东省几乎每年都要从东北

---

① 《东北集刊》第2期。
② 《东方杂志》卷16。
③ 《皇朝经世文编》卷35。

输入大量的粮食。山东蓬莱县"地少土薄,丰年且不敷所用,一遇凶歉,愈不能不仰食奉省。"① 乾隆以后,关东粮粟更大批远运至江、浙以至闽广等省。嘉道之际,"关东豆、麦每年至上海者千余万石。"② 口外的粮食从康熙后期开始外运。康熙四十八年(1709年)玄烨供认:"今河南、山东、直隶之民往边外开垦者多,大都京城之米,自口外来者甚多。"乾隆时,热河的八沟子、土默特归化城近傍,既是重要的农垦区,也是粮食的主要外运地。"热河八沟素产米谷,内地商贩前赴采买者多。"③

山东等省流民推动了东北地区手工业、商业、交通运输业以及文化事业的发展。随着东北农业的发展,随之有山东等省人经营商业。"盖拓殖东北者,日用所需时感不足,为供应彼等各种需要,遂有汉人商店出现。此类商店多系国内有巩固基础营业之分支,多取杂货店形式。贩卖品以强烈之酒居多,粗劣棉花、靴、帽、菜品等次之,兼营兑换金钱,发行支票,收发书信。后又设总行于各交通便利之地,用以统辖各支店,都市随之而兴矣。"④ 嘉庆前后,突破封禁而去东北的汉族商人就有"山东帮"。"山东人励精克己,勤俭耐劳。富于团结力,劳动者互相扶助,商人互通缓急,恰如一大公司,其各商店则似支店,互相补给商品,以资流通。而金钱上尤能融通自在,故虽有起而与之争者,奈山东人制胜之机关备具,终不足以制之也。满洲人及俄国商人固无论矣,即德国人之精于商

---

① 王文寿:《蓬莱县志》卷5。
② 包世臣:《安吴四种》卷1。
③ 黄可润:《口北三厅志》卷5。
④ 《禹贡》卷6。

者,亦退避三舍,不能与山东人抗衡,是以山在满洲西伯利亚一带经济上之势力,上之足以凌驾一切,业东人霸权。"① 可见山东商人在东北的地位和作用。至于在近代工业、交通运输业中从事艰苦创业劳动的,当然更是能吃苦耐劳的山东人了。以修筑中东铁路为例。修筑铁路需要大批工人,故关内贫苦农民蜂拥而至,单在1900年参加筑路的中国工人就有六万五千人。日人稻叶君山说:"中国苦力,如蚁之集,为其操作,而劳力供给地之山东,更乘机输送无数劳工出关为之助。是即谓一千五百余里之中东路乃山东苦力所完成,亦非过言也。"②

山东等省流民移入东北地区,大大促进了民族间的融合。咸丰时期,法国传教士嚣克游历东北之后说:"满洲境内无一村非汉化,实与中国本部各省无异也。"这种巨大的进步,没有山东等省关内广大汉流民的涌入,是很难设想的。山东人进入东北,"聚族而居,其语言风俗一仍旧贯,他省人民入境亦仿效之。此实为汉人将关内家族制度介绍于东北之始,即汉人拓殖东北最初之社会模型也。"③ 嚣克所指汉化村子,即由此发展而来。"我国家族制度,由鲁民而输入满洲,其文化之传布,亦可类推矣。"④ 特别是清代晚期东北地区完全开禁之后,山东等省汉族流民的移垦完全合法,因而汉族移民迅猛增多,即连蒙古各旗一向游牧之地,汉人一垦,也"商民萃集","汉人至,遂成聚落"。汉族移民的居住地也使"屯居者

---

① 《满洲地志》。
② 《东北开发史》,第369页。
③ 《禹贡》卷6。
④ 《东方杂志》卷16。

渐习汉语"。山东等省汉流民同当地土著各少数民族的共同努力，奠定了其后各族人民融合的基础。

山东省流民移入东北地区，遏制了沙俄等扩大侵略的势头。清末东北三省逐渐成为日俄帝国主义的角逐之地，其他一些帝国主义国家也妄图对我国东北进行侵略。但由于汉族流民成十倍地增多，并不断反抗殖民者的掠夺，迫使它们终究未敢扩大侵略。俄国陆军大臣库鲁巴特金在一次谈话中曾说："俄国所最惧者，为中国之移民于蒙古北境，盖沿西伯利亚之国境，去平和而稀薄之游牧民，而代以反俄之中国人，实为危险。"① 沙俄继续扩大侵略的迷梦，随着山东等省汉族流民的大量涌入东北地区和坚决反抗而彻底破灭了。

---

① 王慕宁：《东三省实况》，第24页。

二 民国时期的移民

清朝末年，清政府废除封禁政策之后，山东移民东北进入高潮。进入民国，这个移民趋势继续向前发展，致使民国时期成为山东向东北移民的最重要的时期。从1912年中华民国建立，至新中国成立，计三十八年，在这一时期中，山东移民东北以及回返、留住人数究竟多少，历史亦无确切记载，只能根据现存资料作以考察推断。

陈彩章先生在1936年著《中国历史人口变迁之研究》一书中，讲到当时关内人口迁移东北三省时的情况时说："大概移往东三省之人口，百分之八十为山东人，次之为河北及河南人。"据笔者调查，许多返迁移民确认这个比例是可信的。这里还有一个民国十八年（1929年）移入东北者省籍资料（见表2-1）。这个资料表明，这一年山东移民占百分之七十一。实际上山东移民要高于这个比例，因为这个数字是海关、铁路上的统计数字，山东人惯于渡海密航，有许多渡海去的移民是不在统计之内的。我们依据陈先生所讲这个比例，参照有关资料及笔者实地考察所得资料，推算出1912—1949年山东移民东北三省的人数以及回返、留住人数（见表2-2）。这个时期，山东

表 2-1　　民国十八年（1929年）移入东北人口省籍表

省　别	移入东北之人数	占总移民（％）
山东	742000	71
河北	176000	17
河南	116000	11
其他	10000	1
合计	1040000	100

资料来源：《近代东北移民史略》，第50页。

移民东北三省总人数达一千八百三十六万四千人；回返山东一千零四十四万五千人，回返率为百分之五十六点八；留住东北七百九十一万九千人，留住率为百分之四十三点二。

这些数字和比例虽不十分准确，但可以说大体上是反映了民国年间山东移民东北三省的实际情况的。取其两例加以印证。一是1927年的移民数字。据当时有关报刊记载："据一般推测，谓1927年中足达百余万人。计由大连上陆者七十余万人；营口上陆者二十余万人；由京奉路来者十万人。又据大连某船长调查，谓难民北来，以由大连上陆者为最多，一月至八月末由青岛来者五十二万七千一百人，其时在青岛候船来者尚有十余万人。由营口上陆者三十一万人，加以京奉路来者，总在百万人以上。"① 由此可见，推算1927年山东移民东北三省人数八十四万，并不为过。二是回返率。据笔者在山东惠民地区调查，民国年间去东北的一万九千五百七十五人中，回返者一万一千

---

① 《东方杂志》卷25。

表2-2 民国时期（1912—1949年）山东移民东北三省人数

单位：千人

年度	迁入数	回返数	留住数
1912	252	80	172
1913	260	30	180
1914	272	84	188
1915	280	100	180
1916	259	60	199
1917	304	85	219
1918	272	120	152
1919	330	110	220
1920	336	115	221
1921	362	132	230
1922	368	134	234
1923	376	138	238
1924	384	140	244
1925	400	184	216
1926	535	256	275
1927	840	272	568
1928	1040	310	730
1929	864	490	374
1930	650	409	242
1931	330	408	6
1932	296	372	-76
1933	448	371	77
1934	550	344	206
1935	412	395	17
1936	334	341	-7
1937	320	250	70
1938	410	200	210
1939	810	312	498

续表

年度	迁入数	回返数	留住数
1940	1050	650	400
1941	920	560	360
1942	950	470	480
1943	930	524	406
1944	600	283	317
1945	400	251	149
1946	380	360	20
1947	350	410	-60
1948	250	350	-100
1949	240	380	-140
合计	18364	10445	7919

资料来源：1912—1922年参照夏勋、张其春《日人眼中之东北经济》及陈彩章《中国历代人口变迁之研究》推算；1923—1930年参照满铁调查部《满洲矿山劳动概况调查报告》第5页（1939年11月1日）推算；1931—1942年参照满洲矿工技术员协会：《满洲矿工年鉴》（1944年版第70页）推算；1943—1949年根据笔者实地考察估算数字。

零四十三人，回返率为百分之五十六点四，这同推算的回返率百分之五十六点八，几乎完全相吻合。但就山东迁入东北三省人数总体上来讲，推算数字是低于实际数字的，其一，推算所依据的数字，多系当时铁路及港口当局统计数字，肩挑步行闯关者以及民间帆船密渡登陆者，这两种情况也有一定数量；其二，推算所依据的数字，有的系劳动力数字，有些随迁家属并未计算在内。

由于当时旧中国的政治、经济、历史、社会等条件所致，民国时期山东移民东北三省的状况也呈现许多特点：

移民数量大，持续时间长，形成了一个巨大而持久的迁移流。从表2－2中可以看出，民国时期，其移民数量历年少则二十几万，多则上百万，平均每年达四十八万人之多。其移民数量之多，规模之大，时间之久，在世界移民史上也是罕见的。这是旧中国政治、经济、社会以及天时、地理多种因素综合作用的结果。

移民数量起伏大，两起两落，形成了一个双峰驼。（见图2－1）1912—1925年移民数量历年在二十五万至四十万之间，呈缓慢上升趋势。到1926—1930年，移民数量剧增，这五年形成了第一个移民的高峰区间。1927年、1929年这两年均在八十万以上；顶峰年为1928年，移民

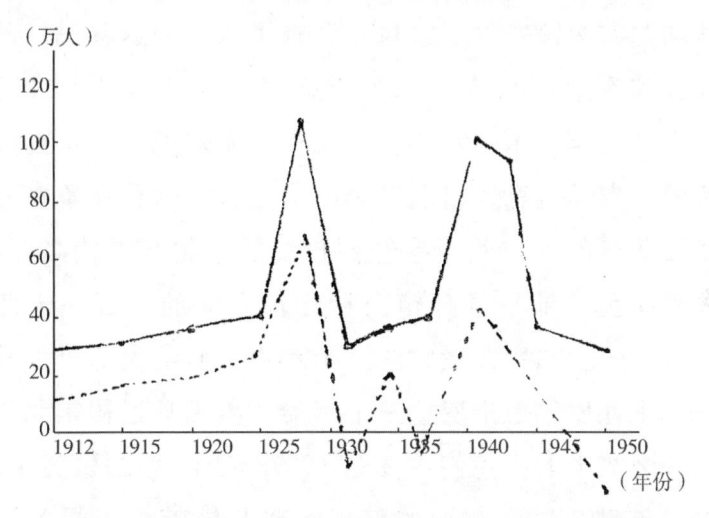

图2—1 民国时期山东移民东三省迁入、回返曲线图

竟达百万以上。这主要是山东严重的旱灾和军阀混战所致。"九一八"事变以后，日本人严禁关内人进入东北，因此，1931年移民数量骤降，1932年降到二十九万，1937年以前一直在三五十万之间浮动，形成了移民低谷区间。1939年、1941年、1942年、1943年都在八九十万以

上，顶峰年为1940年，又上升到百万以上。这段时间移民的增多，除了旱灾、兵匪战乱以外，日本人到山东招骗劳工也是一个重要因素。自此以后，进入解放战争时期，山东大部分地区解放，人民逐步安居乐业，再加上山东与东北交通的阻隔，因此，直至1949年其迁移数量一直呈下降趋势。

移民年龄构成轻。移民年龄一般在十五岁至三十六岁之间。由于各地区和各时期的特点不同，移民在年龄构成上也存在着差别。这种差别可分为三种情况：一是少年型，他们多在十五六岁，其中不少是投亲靠友到工商业较发达的奉省学生意，找生活出路。在蓬莱县北沟公社草店大队和刘家沟镇安香于家村，调查了八位回返移民，其中六人迁移东北时仅十五六岁。这部分少年多是上过几年学，少则三年，多则六年。家长托亲靠友把他们送到隔海相望的奉省学生意，以图有个出头之日。这种现象在胶东是比较普遍的，与此地有经商传统及文化水平较高有关。二是青年型。邹平县孙镇公社迁往东北的一百一十四人中，最小的十二岁，最大的三十八岁，而绝大部分都是十八岁、十九岁、二十岁这三个年龄。惠民县迁移东北青年占百分之八十七，他们主要是1937—1941年去做劳工的。三是成年型。这个类型的移民有些是携带全家闯关东谋生，年龄多在二十五岁至三十六岁之间。在临朐、高密两县调查的十一名回返移民，均属这种情况。这种类型的移民因家无立足之重，经济生活极端贫困，或因天灾人祸全家逃往东北的。在年龄的构成上，我们再看一个材料，以1935年移入东北的四十二万三千八百七十六人为例。（见表2-3）

表2-3　　　　1935年往东北移民年龄构成情况

年龄	20岁以下	20—30岁	30—40岁	40—50岁	50—60岁	60岁以上
人数	57277	167080	108345	57777	25523	7874
%	13.5	39.4	25.6	13.6	6.0	1.9

资料来源：《东亚经济研究》，第241页。

从表2-3可以看出，二十岁至四十岁的占总数的百分之六十；未成年和六十岁以上的只占百分之十五点四。年轻力壮容易找到职业，故出关者多；未成年及丧失劳动力者，不易谋生，故出关者少。

移民男性居多。解放前整个东北地区的人口性别比平均高达一百二十一以上。（见表2-4）这个比率大大高于全国其他省区。造成这种高性别比的主要原因是移民男性多。上面讲的青少年极少有女的。成年型的移民也基本上是男性，只是所带妻室家小杂以女性。据记载，1928年以前关内迁往东北的移民百分之十五左右为妇人和小孩。这种迁移性别的选择，主要是因迁移者多是为谋生去干苦力，这是旧中国山东风行缠脚的女性所胜任不了的；同

表2-4　　解放前东三省部分年份人口性别比　单位：万人

性别＼年度	1912	1930	1940
男性数量	1026	1382	2278
女性数量	815	1144	1888
性别比	126	121	121

资料来源：《人口学刊》1985年第1期。

时，旧中国封建意识浓厚，男子可以闯边疆，女子却是极少见的。

移民的职业差异。由于迁移年代的不同，以及迁入、迁出地域的差别，造成了移民的职业差异。1917年以前，移民多为春往冬归，大部分在矿业、制造业、森林业或船业方面。1917年之后，移民渐向农业发展，携带家属前往者逐为增多。到1928年，据满铁、中东路及其他公共团体调查，百分之八十五移民志在农业，为工者百分之十，在奉省的移民百分之六十被人雇用垦地，百分之三十自领官地垦荒，其余百分之十，因为无力领荒，便被人雇为工人。自"九一八"事变之后，移民的产业结构也逐步由农业为主，向工矿、商业方面转化，特别是在1937年以后这种变化趋势更为明显。就迁出地而言，胶东一带多迁到奉省、吉林从事工商业；鲁中、鲁北一带多迁移到吉林、黑龙江从事工矿、森林采伐业；鲁西、鲁南一带多迁移到黑龙江、吉林北部从事农业及森林采伐和矿业。具体到某一地域，迁移者从事的职业往往是很复杂的。邹平县孙镇公社民国年间迁移东北三省的一百一十四人中，百分之四十到大连当码头工人，其余有到黑龙江做伐木工人的，有到奉天四平一带铁路上做装卸工人的，有开荒或租他人地种的，有干小炉匠沿街乞讨的。就迁入地而言，东北三省由南而北，移民从事的职业，大致是工商、交通、农业、矿业、伐木等。移民不同的职业，对其经济收入以及留住、回返都有重要影响。

民国时期山东移民东北三省的规模如此之大，是有其多方面原因的，在前面的叙述里也略略提到，这里再进一步对其诸因素作一系统考察。

二 民国时期的移民

民国时期山东人口与耕地的矛盾比之清代更加尖锐突出，土地占有更加不合理，封建剥削日益加重，山东广大农民的生活更加困苦。这是山东人口大规模迁移东北的基本原因。民国年间，山东耕地不到一亿亩，而人口却始终浮动在三千几百万。例如，据1930年当时民政厅调查，山东人口达三千六百九十万人，人均耕地不到三市亩。特别应当指出，在旧中国，土地占有极不合理，百分之八十的土地为地富霸占，而百分之八十以上的贫苦农民只占有极少的土地，因而造成劳动力的严重过剩，生产力极其低下，广大贫苦农民始终在死亡线上挣扎，迫不得已逃往东北三省易谋生的地方。据调查，陵县丰皇乡，1942年有三千七百户，一万五千人，土地四万亩，人均耕地二亩六分。人口不到百分之十的地主富农却占耕地百分之七十以上，而百分之八十的贫苦农民只占百分之十五的土地，其中有近一半贫苦农民根本没有土地。贫苦农民为谋求生路，纷纷乞讨东北三省。仅1943年这个乡迁往东北的就达二百多户，一千多人。三龙侯村仅1942—1943年，闯关东的就达三百一十二人，占当时全村总人数的百分之四十六。再如，高密县城关镇南关大队，1948年有二百一十八户，共八百七十二人，耕地一千六百一十六亩，人均一点八五亩。其中百分之九十八的土地被只占百分之二十二的地主霸占，地主每户平均三十三点六亩；其余占百分之七十八的农民只占百分之二的土地，人均零点一九亩。特别应当指出的是，在这百分之七十八农民中，竟有百分之六十三没有一寸土地。正是这种情况，迫使全队三十四户农民计一百一十八人逃荒东北。山东人多地少，加上土地占有的不合理，人民生活处于水深火热之中，为了生活，不得不离乡背井，到地广人稀的东北三省去寻找土地，这也是民国时期山东广大农民迁移东北的根本原因。

民国时期，山东兵连祸接，天灾流行，战争频年不已，兵匪、旱灾、蝗灾常常相互为因，酿成极为严重的灾荒。据有关文献记载，1927年山东大灾荒，几遍山东五六十县，被灾者二千万人，约占全省的百分之六十。（见图2-2）灾区中之居民，有田不得耕，有房不得住，颠沛流离于道路，辗转而赴东三省者，不下百余万人。据哈尔滨《晨报》特派通讯员调查，难民中最多者，为山东沂水、黄县二地。其他日照、莒县、济宁、临沂、荷泽、定陶等地次之。据难民言，沂水县人民十分之七逃荒在

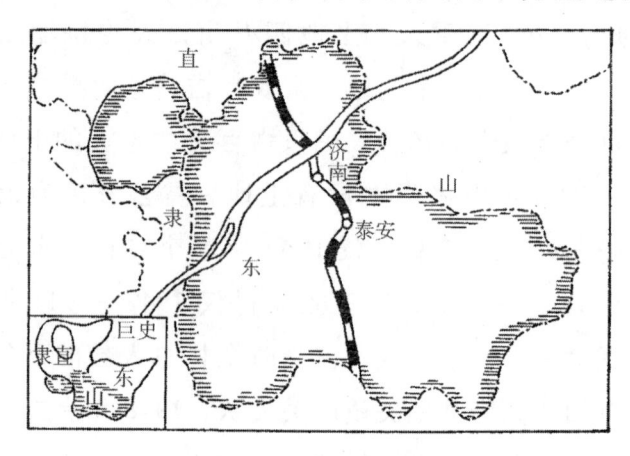

图2-2 一九二七年直鲁灾区图

资料来源：根据1927年11月中国华洋义赈救灾会调查直鲁灾区图。

（在阴影中者为灾区）

外，则该地灾情之大，可以想见①。1928年山东连续灾荒，西部以夏津、东昌府、冠县为中心，南部以曲阜为中心，受灾区域虽较1927年小，但受害程度则极大，各县

---

① 《东方杂志》卷25，第12号。

人口中之受灾者达百分之六十至百分之七十，谷物之收获也不及平年的一成。灾荒又交织着战乱。

1925—1928年军阀张宗昌盘踞山东时，任意加捐派款，仅以1926年4月为例，就加增税捐达六次之多。如渔税、盐运税、烟酒税、货捐、矿捐；发行公债两千万元，钞币一百万元，铜元票二十万元，总计三千万元以上。天灾人祸，促成了1926—1930年的第一个移民高峰。

1938—1944年第二个移民高峰，其直接原因也是灾荒和战乱。临朐县1940—1942年三年大旱不雨，粮食不收，加上日寇汉奸，土匪杂牌军，对人民烧杀抢掠，致使该县成为骇人听闻的"无人区"。《临朐县志》记载的情景："饿殍载道，哀鸣遍野，土地荒芜，蒿草丛生。"1940年全县三十八万人，到1942年只剩下八万人，除被日伪顽匪杀害和冻饿而死的十一万八千八百人，典妻卖子的一万四千人，省内逃荒的四万人外，逃荒东北三省的竟达十二万八千人。逃荒者百分之八十是全家搬走，百分之二十只留一两个人看守家产。蓬莱县1942—1943年渡海到东北三省者达十二万一千人，占当时全县人口的百分之三十五。这是因为当时该县开始建立革命根据地，向日本汉奸杂牌军土匪夺权，日伪垂死挣扎，形势动荡不安，再加连年大旱，造成人口大量外迁。据陵县县志载：四十年代初，旱时赤地千里，一触即着（燃）；涝时陆路行舟，灶底蛙鸣。1942—1943年在遭到旱涝夹击的同时，又发生了特大蝗虫灾害，密集的蝗虫，铺天盖地而来，当年庄稼几乎绝产，许多人被迫逃荒东北。

旱、兵、蝗灾之外尚有水灾。据史记载，1921年、1924年、1925年、1937年黄河决口，多县遭灾，被灾人民携儿带女，肩挑步行，逃往东北。《高密县志》载："1914年（民国三年）7月22日大雨，半夜潍河出水，城子村被淹没。三百户冲倒房屋一百六十间，猪圈门楼倒塌无数，冲掉粮食二十五万斤，牲畜大部淹死，人民遭难，四处流浪逃荒要饭，三户卖掉儿女，十七户外流东北。"

在旧中国，山东贫苦农民在对自然灾害毫无抗御能力的情况下，时逢灾荒，便无法生活，加之兵荒马乱，更把人民群众推向绝路，千千万万的人不得不外逃谋生，直接导致了移民高峰的形成。

东北三省在民国时期仍然是地广人稀，土质也肥沃，对山东破产农民有着极强大的吸引力。据载，1931年东北三省已耕地达二亿亩，人口二千三百八十万，人均耕地八点五亩，为当时山东同时期人均耕地的三倍。而且土质肥沃，三江平原谷物收成较山东为好。1931年东三省谷物亩产一百八十六斤，比山东解放前正常年景亩产一百二十五斤要多出六十一斤。此外，东三省尚有大量可耕荒地。据1927年8月某日本人调查，东三省部分县未垦可耕地：奉省查三十九县计一千二百九十八万亩；吉林省查二十八县，计三千一百三十万亩；黑龙江省查二十县，计七千二百八十点八亩，共计一万一千七百零八点八万亩。这无疑对山东无地或少地而想获得土地的破产农民具有强大的吸引力。而破产农民去东北垦荒又受到军阀政府、当地官僚地主及铁路海运部门所欢迎。20世纪初，东北军阀政府为了扩大自己的势力，极力招徕关内破产农民去东北垦荒。民国初年，东北各省都成立了"官地清丈局"。1925年北京军阀政府在长春设立"移民局"，专门办理移民业务。东三省文武官僚，多为新辟地方的大地主，移民可供给大批廉价劳动力，几年之内，荒地垦为良田，地价增高，所以地方官吏欢迎移民前往垦荒。海陆交通机关，可以增收运资，将来荒地开垦之后，又可促进交通的发展。为了鼓励关内农民迁移东北，京奉铁路实行减费制度，对去东北垦荒的农民实行车费优待。1927年，中东路又实行免费输送垦民制度。这都大大促进了移民的速度和规模。

民国时期东三省工商业已相当发展，这也是吸引山东破产农民迁移的重要因素。东三省有丰富的农产品、森林资源以及煤、铁、石油、有色金属等矿产资源。这对工商业的发展极为有利。20年代东三省大城市中，新式的磨面厂、豆油厂、肥皂厂、制糖厂、锯木厂、制酒厂、玻璃厂等业逐渐兴起。1925年东三省的商业已占全国商业的百分之三十。日俄帝国主义的侵入，加速了东三省资源的开发，森林采伐业、采矿业、制造业以及交通运输业较快地发展起来。特别是"九一八"事变以后，日本帝国主义把东三省作为军事侵略的基地，工业发展极为迅速。工商业的发展对劳动力的需求大量增加，吸引着与东三省毗邻的山东人去经商做工。山东胶东一带每年都有大批的人去东三省经商做工学生意，便是在这种背景下出现的。据调查，莱阳县城厢镇民国年间闯东北的三百六十人中，有二百九十人到大连等地做工经商，占闯东北总人数的百分之八十。工商业的发展，吸引了大量移民，而移民的增多，又促进了工商业的发展。

日本帝国主义的征集招骗，使山东大批的劳动力被遣送东三省。1937年"七七"事变以后，日本帝国主义为了进一步扩大侵略战争，应付战时紧急状态所需的庞大的劳动力数量，很大一部分不得不依靠关内。其办法各种各样，有日本人的强制，有劳工部门和劳工把头的招骗。据伪满调查，1939年至1945年，日本帝国主义为推行其战争计划，每年都强制征集和招骗二三百万劳工。1940年关内进入东三省的劳动力即达一百二十二万人，而山东便是这些劳动力的主要供应地。据对惠民县一千九百四十八名迁移者调查，被骗去当劳工的就达一千七百一十二人，占百分之八十七，这些人大都是1939年至1943年被招骗去的。

山东与东三省毗邻，地理条件优越，交通便利。山东在地理位置上靠近东三省，西有陆路，东有海路，两相交往，十分便利。山东移民东三省，有两条路线：一是西路，这是一条陆路，由京奉铁路入关，然后沿京奉、南满、打通、四洮等路分散。此外，还有许多贫苦农民拖儿带女、肩挑步行，从柳条边威远堡门、法库门、辽东边墙的各边口以及喜峰口、古北口等处进入东三省。鲁西、鲁北以及鲁中、鲁南的一部分移民大都走西路。第二条是东路，这是一条海路。移民大都是坐车或步行到烟台、威海、青岛、石臼港，然后坐火轮船到大连登陆，由南满转赴长春、滨江等各地。有的在沿海的小渡口，如黄县的龙口，蓬莱的兰家口、刘家旺、蓬莱城等渡口，移民坐帆船到对岸营口、丹东登陆。两岸隔海相望，近处只有九十海里，一夜即可到达对岸。由于路程近，交通便利，路费也较便宜，迁移者只要变卖点家产，或亲朋相助即可解决。正是地理上的这种优越条件，才使迁移者比较容易地将迁移愿望变成迁移行为。

山东与东三省有广泛而密切的社会联系，这是山东移民东三省的心理因素。如前所述，山东人闯关东历史悠久,特别是清朝中、后期闯关东者如潮如涌,到清朝末年已达七八百万。这些移民散居于东三省各个地区,从事着各种职业。他们与山东老家的亲属、邻里、老乡保持着各种各样的社会联系,或通信,或探家,或寄款。山东广大破产农民正是从老移民那里取得各种信息,形成迁移动机,而去投亲靠友,落脚扎根的。请看笔者调查的几户移民:

赵福庆,高密县康庄公社康三大队人,1937年十二岁时随父亲下"海北"(即渤海以北东北三省)。其伯父早年闯关东,在吉林省开通县,给姓牟的一家地主种菜园。赵福庆一家五口人下海北,即是投奔伯父去的。经伯父介绍,其父亲给姓牟的地主家种菜,本人给地主放牛。

尉先星,莱阳县城厢镇东关大队人,1941年十六岁时去东北。家境贫苦,随从东北回来探家的堂兄去的。到奉天以后,便寄住在三年前闯关东的表叔家里。后表叔几经周折,给介绍到一家日本人办的恒利铸造厂当学徒。

李忠枢,蓬莱县北沟公社草店大队人,1938年去东北做店员。当时本家有一个叔伯姐夫闯关东做买卖,他便是跟着叔伯姐夫去的,在这个叔伯姐夫开的商店里当店员。

侯惠善,邹平县孙镇公社冯家村人,1943年十九岁闯关东。侯的大舅1938年到大连拉黄包车。侯靠其舅的接济去东北,并跟其舅拉车。

高普春,临朐县城关镇高家庄人,1942年八岁随父亲去东北,是跟着远房一个早年闯关东的姑夫去的。刚去时由姑夫接济,直到高家能挣钱维持一家生活为止。

如果移民缺少这些社会联系,要想到一地落脚扎根,那是很困难的。

除此之外，山东移民东三省，就其某一个移民来讲尚有一些特殊原因，如拐带女人，躲避债务，家庭不和，同乡里打架，犯罪逃跑，包办婚姻等。但这究属少数，不足详加论列。

综上所述，山东移民东三省有迁出地、迁入地的政治、经济、社会、地理、传统心理等诸方面的因素，但其中最重要的是山东人民经济生活的贫困，想方设法寻找谋生之地，这是山东贫苦农民迁往东三省的内在要求，也是基本原因，而其他因素则是促使这种内在迁移愿望变成迁移行动。

在研究山东移民东三省的过程中，回返移民是一个重要问题。因为回返移民为数相当大，如果不把这个问题搞清楚，那么，对整个移民的概貌便不会有真正的了解。

表2-2表明，民国时期山东迁往东三省的移民回返率为百分之五十六点八，就其历年讲，回返移民少则十几万，多则五六十万，而且伴随着移民高峰而来的便是回返移民高峰。那么，为什么有这么多的移民要回返呢？

一是有些移民到东三省之后能够寻求到比较好的谋生手段，于是就留住了下来。然而，在旧中国东三省也并非是人们理想生活的天堂。有更多的移民到东三省之后，在生活上比原来并好不了多少，甚至有些人陷入更悲惨的命运，这部分移民又不得不考虑返回家园。在东三省从事农业的移民不外有两种情况：一是租种地主的土地，仍为地主作牛马，生产出的粮食交租后所剩无几；二是自己开荒种地，由于开垦生地，工具肥料不足，生产水平很低，生活也得不到多少改善。在这种情况下，移民感到与其在异地受苦，还不如回老家受苦。从事工矿业的移民，有的在民族工商资本家厂矿干活,有的受雇于日本人办的厂矿,但不论在哪种类型的厂矿劳动,都要受把头的欺压毒打。临朐县辛中镇辛中大队赵永卓回忆说:"我当年在东北给日本人干活,经常挨日本人的打骂。有一次日本人一耳光把我打昏了,几乎要了命,从此我就逃了出来,回山东老家了。"给日本人当劳工的遭遇更惨。惠民县城关镇南关街俎成衡回忆说:"我是给日本人当劳工去东北的,路上日本人把我们赶进闷罐车,锁上车门,吃饭、睡觉、大小便都在车厢里。在路上要走好多天,下车时,从车上抬下有十几具死尸来。到那里生活更苦,吃棒子面,消化不好拉肚子,住的是草棚窝铺,两人睡一张席,地潮湿得很,睡一夜被子就成湿的了,日本人对我们简直不当人看待。我实在受不了就偷跑回来了。"有些回返移民说,在日本人的煤矿井里死难劳工很多,有的死于伤病,有的死于事故,矿井里毒瓦斯爆炸,工人都死在里面,也有的死于日伪统治者的屠刀之下。日本人在修筑工程时,恐怕暴露秘密,工程完后,全部劳工被毒死。面对这样的遭遇,许多移民又毅然返回家园。

二是不服当地水土。东三省的生活条件、气候条件许多移民不适应。东三省吃的是棒子面、高粱米,许多移民生病;气候寒冷,不适应,特别有些女性死于此。高密县康庄公社康四大队刘光谱,全家十四人闯关东,因气候不适,再加传染病,三个姐姐在东北结婚后不久死去,嫂子、妻子及哥哥和三个孩子均死于东北,剩下四人,不得已返回老家。

三是迁出地灾荒与战乱过后,往往引起一个大的回返迁移流。这种情况在民国时期出现过两次。一次是在1928

年、1929年,这两年回返移民均突破四十万人;第二次是1941—1943年,这三年每年回返移民都在四十万至六十万人之间。这两次大的回返迁移流是伴随着两次大的迁移高峰而来的。造成这种情况主要有两个原因:一是迁入地移民骤增,一时容纳不下。两次迁移高峰的直接原因是灾荒和战乱,遭灾和受战乱之苦的农民拖儿带女,背井离乡,都一起涌到东北三省。这么多人很难都找到职业,到处乞讨,生活无着落。二是迁出地灾荒和战乱过去,逃难的农民为了重建家园,便纷纷返迁。

四是迁出地政治上、经济上的重大变化,也是吸引大批迁移者返回家园的重要因素。这种情况出现在1945年日本投降以后。山东解放区逐步扩大,特别是1948年、1949年山东解放,进行了土改,贫苦农民在政治上、经济上翻了身,迁往东北的贫苦农民得到家乡巨大变化的信息,便纷纷返回。1945年以后返回的移民逐渐增多,以至1947年、1948年、1949年这三年形成了返回大于迁出的局面。蓬莱县1945年建立起革命根据地后,人民群众政治、经济地位发生很大变化,到1949年的短短几年内从东北返回人数即达四万多人。

五是移民中单身男性迁移者多,这也是返回量大的一个原因。如前所述,移民中单身男性迁移者居多。所以如此,一是男子单身汉扯挂少,像轻骑一样流动性强,遇到一些不利因素,回返很容易。二是这些人迁出时多未结婚,而东北男性多于女性,很难找到对象,于是几年之后也只好回家乡解决婚姻问题。三是有的在迁出地结了婚,家室带不出去,时间长了,也势必返回。四是有些闯关东,目的不是为了长住,他们或者春去冬归,或者住几年能挣些钱再回家乡。邹平县许多小炉匠闯东北，便是春去冬归。五是给日本人当劳工的青年，干几年之后，有幸活下来的，日本人也一脚踢出，这些人只好返回。

六是故土难离，思念家乡。许多回返迁移者都谈到这个原因。他们说："树高千丈，落叶归根"，不能把尸骨抛在异乡，这种心理深深地根植于我们民族的思想意识中。有的移民年老了，儿孙在东北，自己还要返回故土过晚年。这种心理因素是我国几千年传统意识的反映。汉元帝说："安土重建，黎民之性，骨肉相附，人情所愿也。"孔子说："父母在，不远游。"老子说："邻国相望，鸡犬之声相闻，老死不相往来。"正是这种传统的故土难离的心理因素的作用，促使移民在可能的条件下大量返回。

民国时期山东大规模移民东北三省，是清朝中后期关内人民闯关求生运动的继续。由于移民数量的迅猛增多，社会内部矛盾的发展，因而它的意义与作用，比之清代移民更加深广。

山东移民东北实质上是一个贫苦农民在死亡线上自发的不可遏止的悲壮的谋求生存的运动。进入民国，山东封建剥削日渐加重，军阀混战频年不已，"九一八"事变之后，日军在山东烧杀抢掠，因而阶级矛盾、民族矛盾交织上升，加之不可抗御的水旱灾害，把山东的广大农民推向更加痛苦的深渊。他们为了谋求生存，或西乘火车出关，或东渡渤海登陆，如潮如涌，每年以几十万人的规模向东三省求食奋进，一切艰难险阻都挡不住他们闯关东的步伐。旧中国东三省虽不是穷苦人的天堂，但总比山东求生容易，致使千百万闯关农民免于一死。同时，由于移民寄、捎、带回的钱物，也使其留在家乡的亲属在战乱、灾荒和受剥削中勉强度日。

　　山东贫苦农民向东三省迁移又带有创业的性质，扩大了东北的耕地面积，促进了农业生产的发展。20世纪以前，除辽宁省有一部分耕地外，吉林和黑龙江两省几乎都是围场和牧场，土地荒芜，人烟稀少。20世纪初，东三省的土地才得到迅速开发，农业生产有了较大发展。1911年东北耕地约为一千二百万垧；1913年为一千三百九十一万垧；1925年为一千五百二十一万垧；1928年为一千九百三十二万垧；1931年为二千零六十万垧。在二十年的时间里，东三省耕地面积增加了八百六十万垧，平均每年增加四十三万垧。耕地面积的扩大，表明了农业生产较快的发展。东北荒地的开垦，耕地的扩大，应当说，主要是山东等关内移民的功绩。清朝统治者曾实行过所谓"京旗屯垦"，以及迫士兵屯垦，但终因京旗人坐食成性和"兵惰不耐耕"而未能奏效。日本进入中国后，曾视满洲为它的人口过剩的吸收地，以便从事殖民事业，但日本农民也无法与吃苦耐劳的山东等内地移到东北的农民相竞争，因此日本人的移民政策遂告失败。由此说来，只有山东等关内迁移去的广大贫苦农民，才是东北大片土地的开垦者。

　　工业、商业、交通运输业的发展吸引着山东的移民，而山东移民艰苦的创业劳动，却又大大促进了工业、商业、交通运输的发展。东北地区早期的工业十分落后。20世纪后随着中国殖民化的加深，帝国主义者为了掠夺中国的物质资源，才开始在东北发展现代工业。据统计，到1917年，黑龙江、辽宁、吉林三省的工厂分别增加到一百四十三家、一千三百三十一家、三百一十一家。第二次世界大战期间，东北的工业发展相当迅速。如果以1933年的产量指数为一百，到 1944 年，煤产量即为二百四十四，电力为二千一百二十三，生铁为二百七十三，钢为二千三百五十，水泥为二百一十，棉花为一百零八。1943 年东北钢产量占全国钢产量的百分之九十四点二，生铁产量占百分之九十四点三，煤产量占百分之四十九点五，发电力占百分之七十八点二，水泥产量占百分之六十六，1945 年，东北地区各种工业公司达到六千八百七十八个。在这些近代工业中从事艰苦劳动的主要是山东等关内移民。东北发达的商业和纵横交错的铁路建筑，无不浸透着山东移民的血汗。因此，可以毫不夸张地说，民国年间山东移民仍然是开发和建设东北的主力军。

　　山东贫苦农民向东北的迁移，促使东北三省与全国人口的分布趋于平衡。东北地区自古以来地广人稀，尤其吉林、黑龙江更是一片荒原，致使我国南北人口分布极不平衡。1910 年东北三省人口密度每平方公里仅二十三人，由于山东千万人的移入，到 1949 年东北三省人口密度每平方公里上升到五十四人。这同全国 1953 年人口密度六十点五人相差无几。山东往东北的移民，减轻了山东人满为患的压力。山东 1985 年人口为七千六百万，如果民国时期不移入东北千万人，按解放后正常人口自然增长率计算，目前山东人口即达一亿多。

　　我国中原汉族自辽、金、元、明清以来，侵入者大都来自满洲和蒙古，使汉族不能向北发展而向南移动，六朝偏安，宋室南渡便是例子。自清代以来，汉人向北发展有了转机，但仍很有限。清末至民国，山东等省关内汉民才大规模向东北迁移。所以，山东移民东北，对汉族人民向北发展起了重要作用，促进了民族的融合。据回返移民回忆，他们所到之处，大部是山东人，农村有山东村庄的名字，城市有山东街道的名字，风俗习惯与山东无异。

山东移民在同日俄帝国主义的斗争中作出重要贡献。继清朝之后，民国以来沙俄妄图向黑龙江南各地继续扩大侵略，移住俄国人。日本帝国主义对于满洲，更视同殖民地，称我东三省及热河等地为满蒙，恣行其侵略政策。1927年日本行政审议会，决议设殖民大臣，称之为"拓务省"，公然把我国东三省列为所谓东亚局掌管范围之内。但是，由于山东等省人民大量的移入，充实了东三省的力量，不断反抗殖民者的侵占和掠夺，打破了日俄帝国主义的侵略迷梦。特别是对日本帝国主义的侵略，山东移民起而反抗，进行了艰苦卓绝的斗争。据吉林省浑江市《湾沟公社志》记载："1921年间有一名叫王振邦的农民，年约三十岁左右，身材魁梧，性格豪爽，原籍山东，因逃荒携妻及长女一家，辗转跋涉，流落于西川一带。后有不少山东人到他这里投奔，与王振邦一起开荒种地，自谋生计。1931年，'九一八'事变，日军侵占东北，1932年王振邦与山东老乡聚义百余人抗日，1934年年末，他们与日军大小战事三四次，其中第二次战绩最佳，日军死伤惨重，义军为日军所胆寒。"这正表现了山东移民不屈外侮，保卫东北边疆的爱国主义精神。

三　回返移民访问手记

1984年春，笔者陪同加拿大一位学者，就民国年间（1912—1949年）山东省农民向东北三省迁移的历史，先后考察访问了济南、德州、惠民、潍坊、烟台五个地（市）的九个县（市）、二十二个乡（镇）、三十三个村（队）的一百三十四名干部和去东北返回移民或其家属，对解放前山东省农民迁移东北的数量、路线、原因、分布、影响以及回返情况取得了较丰富的资料。在考察访问中，笔者作了详细记录，由于语言关系，外国学者所得资料，大都由笔者提供或核实。华东师大著名人口地理学家胡焕庸教授曾说："东北三省人口增长史，显示着冀鲁豫三省人口外移的过程，但从来没有人作过实地调查。"现在笔者把这些实地调查记录整理出来，给有兴趣研究这个问题的同行们提供一份新鲜而可靠的资料。

（一）德州地区

陵县

石××（陵县县长）

陵县，地处鲁西北平原，一千四百平方公里。十八个乡，六个镇，一千一百二十八个大队，十一点七万户，耕地一百一十二点七六万亩，其中盐渍土地五十四万亩，占百分之四十八。自然气候半干旱，春季干旱多风，夏季炎热多雨，秋季旱涝不均，冬季严寒少雪。

根据典型调查和各方面推算，1945年前（即本县土改前），全县大约有两万一千多人闯关东，约占总人口的百分之六，涉及一万四千户，占总户数的百分之十五。

人口外流的特点：（1）有的村多，有的村少，有的甚至没有，有的村外移人口占到一半以上。（2）多数人有投奔，自己硬闯的少。（3）单身汉较多，全家一块走的少。（4）迁东北后分布面广，东北三省几乎是到处都有。（5）在一地定居的较少，流动的多。

总的看，农民闯关东的主要原因，多是为生活所迫。土改前，全县地主富农共四千二百一十四户，二万四千五百人，分别占总户数和总人口的百分之四点四和百分之七，然而他们所占的耕地却占百分之三十二，而占总人口百分之四十七点七的贫雇民，只占有百分之十八的土地。他们中的多数以租种地主土地为生。旧的社会制度决定着人们过着饥寒交迫的生活。

另外，从历史上看，我县是自然灾害较多，都是旱灾和涝灾。《陵县县志》载：旱时赤地千里，一触即着（燃），涝时陆路行舟，灶底蛙鸣。1942年和1943年，在遭受到旱涝夹击的同时，又发生了特大蝗虫灾害，许多老人对当时的情景至今仍历历在目，密集的蚂蚱铺天盖地而来，当年收获的粮食寥寥无几。许多贫苦农民被迫背井离乡，在死亡线上挣扎。

再加上军阀混战，日本鬼子烧杀，土匪横行，民不聊生。这就是造成我县成千上万人流落到东北的主要原因。

在调查中，我们也发现，有个别人因家庭乡邻发生纠纷而出走，还有的做了坏事而出逃。

许多贫苦农民到东北后，只不过把苦难的生活由甲地搬到乙地，他们受着外国殖民主义者及地主老财的剥削和压迫，政治上无地位，生活上无保障，因此有许多人在东北住上三年两载，又回到老家。

（二）惠民地区

肖××（地区有关部门负责人）

惠民地区在鲁北、黄河下游入海处的盐碱地带。所辖地区为滨州市、惠民、博兴、邹平、无棣、阳信、沾化、滨县、高青等八县一市。全区三百七十六万四千一百二十五人，八十二万八千二百八十一户，一万三千一百二十四平方公里。在经济上是比较落后的地区。

全区在民国年间闯关东者，目前调查统计到的有九千九百一十五户，一万八千七百人，返回五千八百六十八户，一万一千零四十三人。考察的惠民、博兴、邹平、滨州三县一市，1911—1949年下关东五千九百一十五户，八千七百人，返回二千六百一十户，四千九百零九人。

惠民县

田德杰（县政府办公室副主任）

惠民位于鲁北，城南三十公里是黄河。全县一千三百七十一平方公里，五十六万二千二百四十八人，人口密度四百一十人，地势较平坦，主要从事农业生产。

1912—1949年期间，惠民县闯东北的共有一千一百三十七户，一千九百四十八人，其中农民一千九百三十一人，小商贩七人，其他十人。迁移原因主要是为生活所迫。其中卖华工去东北给日本人干活的人数最多，达一千七百一十二人，占移民的百分之八十七，讨饭流浪去的二百一十八人，做小生意去的八十二人，职业不清楚的二十四人。据调查卖华工的时间在1940年左右，那时正值大旱。皂户李公社郑家大队是不足二百人的村庄，即有五户十一人卖了华工。城关镇五瓜刘大队是不足三百人的村庄，即有十二户十五人卖了华工。卖华工多是一些贫苦的单身汉农民，有的当年死于东北。城关公社四十八个大队，村村街街都有卖华工的人，北半部的村庄卖华工的多，南半部较少。当时卖身价最高三十元大洋，最低的五元，其中包括路费。他们去东北从西路坐火车进山海关者占多数，从东北路坐船到牡丹江的人占少数。有相当多的是统一组织的，从济南乘火车到密山。到黑龙江的是一千一百八十一人，去吉林的三百四十二人，去辽宁的四百一十九人。解放前后，主要是解放前从东北返回的一千二百二十四户，一千三百零六人（包括其子女），六百四十二人死于东北。返回尚在的五百零一户，五百三十八人，其中二十九人参加了工作。去东北的移民百分之九十八是文盲。现在仍在东北的二百九十五户，已查清楚的三百五十四人，现仍与家中联系的九十五户，在东北已工作的六十五户，从事农业生产的三十六人。以上数字是组织四十人调查的。

张炳轩（城关镇副镇长）

城关镇系县驻地，是个古城，土地四万一千八百四十二亩，七千二百零四户，二万九千六百八十五人，多为农业户口。

  1911—1949 年，城关镇去东北一百五十三户，一百七十一人，现已返回一百二十一户，一百三十六人，回返后仍在的二十八户，三十六人。仍在东北的六户七人。与家人尚有联系的二户二人。去东北的时间，多是在 1939—1942 年。去的地点多是牡丹江、哈尔滨。主要是修铁路，很艰苦。修路工人几乎全是山东人，东北的铁路，可说是山东人的血汗筑成的。有的受不了苦，逃跑，被抓回去的要受残酷的刑罚。路线是从惠民坐车到济南，再乘闷罐火车到哈尔滨或密山，路上要走七八天。凡返回人员，目前生活都很好。

  孙守俭（皂户李公社管委主任）

  皂户李位于县城南十五里，二万六千四百人。解放前一万九千人，耕地十一万亩，人均粮食三百斤。

  1911—1940 年，皂户李外流东北三省二百二十户，二百三十二人。返回一百四十二户，一百四十二人。现仍活着的九十人。死于东北的六十六户，七十人。在东北工作的十四户，十五人。外流东北人员分布于本公社二十二个村。外流的时间多是 1939—1941 年，外流原因多是卖华工。尚留东北工作的，多是有些技术的。

  郑杰文（皂户李公社郑家大队、社员）

  我今年五十五岁，十四岁（1943 年）时随兄去东北安东修铁路，本人是打零工的。干了一年因为太苦，与兄一起逃跑至秦皇岛，进了一家工厂做工。干了五年，解放了，我们就返回家乡。父亲和五叔就是在我们返回老家的那年死于东北的。

去东北前，我家只有一点点地，生活很苦。当时有招华工的，给日本钞票十元，又听说去东北一年能挣六七十元钱，我就应招去了。我念过一年半书。招人的是本县石家庙的一个姓石的人贩子，他早就在东北给日本人办事。他回家乡招人，本县里还有几个跟他跑腿的。这个人不大做好事，人们称他为"石大虎"。我是坐火车去的，先由惠民乘汽车去济南，然后乘火车经天津去东北。路费是日本人包的，给的十元钱留在家里。到县城去时，是跟本庄一个姓郑的去的，到城里就有窝窝头吃了。城里是华工集中点，人很多。去东北修铁路一年，没有挣到多少钱，又加生活苦，活又累，所以又去秦皇岛。从秦皇岛返回家时，是一个在秦皇岛码头干事的堂兄资助的路费。我1954年结婚，1950年堂兄也回来了。

走时家有老母、兄、嫂，在家种地维持生活。

郑世道（皂户李公社郑家大队人）

我今年六十六岁，在二十二岁（1940年）时去东北的。我是卖华工去的。当时我们邻村有一个为日本人招工的人，他说到东北能挣很多钱，我便瞒着家人，单独找到那个招工的，表示要去，但他一元钱也没有给我。走时家有父母亲和两个妹妹，靠父亲种地糊口。走时，华工都到本县流坡坞集合，大约有十几人。我们先坐车到沧州又改乘火车到黑龙江密山，干的活是挑土修路。在那里干了五个月挣了十二元钱。回来时，日本人把我们送到沧州，我们又从沧州跑回来的。回家种地，再也不想去了。再补充一句，给日本人招工的那个人，火车走到长春时他就跑了。

俎成衡（城关镇南关街人）

我今年六十三岁，十九岁（1940年）卖华工去东北。在我十九岁那年来了日本人，母亲病故，父亲腿残，妹妹年小，仅十一岁。家无地种，我到木匠铺学徒，管饭不发钱。日本人来了，木匠铺关了门，我回家靠干木匠养家，每天挣七角钱。但七角钱只能够我自己吃的，家人养不起。这一年正逢大旱，生活更无法维持。正是这一年来了招华工的。许多人应招，成汽车成汽车地往外运。招我的人叫陈德昌，他原是木工，本地人，是一个叫刘宽江的木工的徒弟。因此，他招的人都是木工，共招了我们二十五人，都是经常到本县城里干木工的穷苦人。父亲不同意我去，我告诉父亲去可给十五元养家费，到那儿又可挣钱，父亲才勉强同意。十五元留家十元，我带上五元。报名后不让回家，集中在城里。农历三月二十日到济南，后到天津，又转乘船到大连—四平街—牡丹江，最后到密山。由于没带木工工具，只好在那干土工、砸石子、盖房子。我们吃的是棒子面、高粱米，住的是席窝棚，每两个人睡一床席，夏天睡一宿，第二天早晨被子就是湿的。我们二十五个人始终没有分开。我们的工头是河北盐山一带人，每天吹哨叫人，第二遍吹哨就带棍子赶人。在密山干了半年，后来日本人给我们买了两三套木工工具，到虎林建兵营。兵营多是木顶木地板。到十一月份，天很冷了，也没挣到多少钱，怕家人记挂，想回老家，但回不来，逃跑的抓回来就是吊打。我们去的二十五人，死在那儿两人，其中一个因水土不服病死。天越来越冷，我们实在受不住了，便四处哀告，要求回老家，但工头不同意，非要我们将山下的十五间马棚（全是本质结构）盖起来才放行。无奈只好忍寒受冻，直到盖完马棚才把我们送回。招我们去的陈德昌在那儿是个小工头没有回来。临走时没有结算，说是车票包好了，不能等，留下一人算账，车票给买到天津就算到家了。到天津时，我们还剩九人，其他的在闷罐车中憋死了。到山海关时，我亲眼看到从闷罐车中抬下十多具死尸来。我们从天津买上票到沧州，等了五天，没买上汽车票，最后我们九人结伴步行回到了老家。家中虽苦，但家人见到我们活着回来都很高兴。后来我靠干木匠活维持生活。

丁凤英（女，城关镇人）

我原籍是江苏扬州人，十六岁被人贩子季长太骗到东北奉天。季在那儿开烟馆，我发觉被骗后，便借解手，跑到街上哭喊，又被抓回锁在楼上。晚上把我的衣服扒掉，用鞭子抽打我。打得我遍体鳞伤，七天没吃东西，但未饿死。至今留有疮疤，留下腰伤，直不起腰。我忍着痛苦，给他家洗衣服。过了四年，我的腰伤好些了。便叫我给烟客伺候。我是被季家骗去的第五个，排行老五，人家都叫我小五。后来得知他家二姑娘要卖我，我便逃跑到一个老乡家里，求他救我，世人都怕季家的势力，老乡给我十元钱，就到一家旅馆住下。第二天夜里，宪兵队到我房间，问我为什么住在这里，揪住便打，打得我旧疮复发，旅馆多住当官的，闻讯赶到，我求他们救我。第二天去法院，我诉说了被骗的经过，结果姓季的两口子被传讯受审。我不再回季家，到老乡徐大爷家。一年后他给我找了个婆家，就是现在的老伴。他是惠民县人，也是穷苦人闯关东。他比我大十岁，我在二十二岁时结了婚。在东北生一个孩子，死了。1944年2月我们便回到惠民老家。1945

年解放,老伴当自卫团长,我当妇女会长。1949年我去扬州找那个姓季的人贩子算账,结果没找到。

滨州市

丁××(市政府办公室主任)

滨州市系新建小城市,位于黄河下游冲积平原,跨黄河两岸,一百七十平方公里,三万六千零五十二户,十六万二千四百二十八人,其中非农业七万一千三百九十二人,农业九万一千零三十六人。

1911—1949年滨州市去东北的三百二十户,约一千多人,回来约一百五十户,四百余人。都是因黄河水灾、蝗灾、旱灾、战乱去的。

王俊亭(蒲城乡乡长)

蒲城乡位于滨州市南两公里,二十个大队,一万四千七百二十人,土地一万三千六百亩,人均零点九亩。

1911—1949年蒲城乡去东北的一百五十人,死在东北三十人,现在仍在东北的二十人,返回一百人,返回后过世的八十人,尚在世的二十人。去东北的时间大都在1938—1942年,少数是1938年以前去的。返回多是1949年解放以后。去向主要是吉林、黑龙江。闯东北的主要原因是水、旱灾害造成的经济生活困难。在东北有的死于煤窑,有的死于修铁路。日本投降前,日本人将一批工人用毒瓦斯毒死,将一些修军火库的人枪杀。

刘增昌(蒲城乡刘口大队大队长)

刘口大队位于蒲城乡西部,三百户,一千四百人,一千五百亩土地。

刘口大队闯关东的据统计有四十九人，其中1938年前去的有十人，1938年之后去的有三十九人。1948年前大部分返回家园，有两人在东北落户，九人死于东北。闯关东的多是青壮年。

刘焕武（蒲城乡刘口大队社员）

我今年六十一岁，十七岁闯关东。当时遇到旱年，生活极为困苦，吃不上穿不上，所以我下决心闯关东谋生。我一人去新京（长春），到一家面粉厂工作。我离家时家有五口人，有父母亲还有个妹妹，在那年的二月我已结婚。5月份离家，盘缠钱是家里凑的。到济南坐火车，经天津、山海关、锦州，到新京。在那儿待了十年，1948年回老家，其间未回过家。去东北最初工资每月十八元，后来增长到七十元。只往家捎了五十元钱，还借了五个人的名字，因为日本人只准每人一次往关内捎十元钱。也往家捎信，因我村闯东北的挺多，经常有人来往于东北和山东。我走后，父亲种地，母亲、妻子、妹妹靠纺棉线为生。1948年我思念家乡，因当时内战，火车不通，我就从沈阳一路乘马车回到老家，接连走了二十多天。回来时家乡已解放，分得了土地，从此在家务农。

我还有三个亲属闯东北，一个是堂兄，现在沈阳郊区当农民，还有一个表弟在长春当车夫。他们都在东北成了家，不准备再回来了。另一个堂兄去东北做工，后来日本人往矿井中放毒瓦斯被毒死了。

李振杰（蒲城乡刘口大队人）

我出生于东北新京（长春）。我父亲早在1926年就借高利贷去了东北。那时我大爷在东北给人扛活，大娘在老家。我父亲就是奔着我大爷去的。我父亲去先到济南,坐火车经山海关到新京,在一家面粉厂做工。我母亲也是山东人随父亲闯关东,在新京经人介绍与我父亲结了婚。从此我村大多数闯关东的都是奔着我父亲去的。因为当时去东北需要有保人,无亲无故是不行的,再加上我父亲后来成了领班的,有点影响,所以都去找他。1939年、1940年、1941年这三年去找他的最多。我父亲每年给家寄钱一次。1946年面粉厂遭火灾倒闭,我父亲又转到沈阳做小买卖,被土匪打瞎了一只眼,当时战乱,物价飞涨,在东北生活不下去了,只得回老家。当时我十六岁,我父母亲和弟弟一块回来的。来到家乡,解放了,我们分了土地,日子越过越好。

刘正中(蒲城乡刘口大队人)

我今年六十四岁,二十一岁(1941年)那年,正月初六,父、母、弟、妹、爱人共六口人一起闯东北。我十八岁(1931年)结婚。盘缠是押了二亩地。我们一家先从周村坐火车到青岛,又坐船到大连的。我们是到新京投奔李表爷。去时正逢春天,面粉厂也忙,我们就在这家面粉厂住下了。还有我们村里几个人在那干活,每月工资十七元(满洲票子)。头几年还能给家里捎几个钱,后来就不行了。最多时捎过三十元钱,1942年以后就不能往家捎钱了。一是汇票买不到;二是日本人不让捎,有时只好夹在小镜子框里往家捎。当时汇的钱都是由家人托跑小买卖的人到济南益发银行或指定商号去取,顺便买些东西回来。托人取钱不必付报酬,他们可以将捎的钱作本钱用上一段时间,赚点钱。当时这边的送信人还是挑小扁担的,不办理汇款手续,他们只是把汇票送给家人。邮局和银行不一回事，邮局是国家的，银行是私人的。本地没有银行，益发银行设在各大城市。后来我又到了一个粮站干活。其间我回过家一次，看到家里生活仍不好，又回去了，直到1946年我大爷去找，全家才算回到老家。同去的几个人，有的回来了，有的死在了东北，回家时正逢土改，分得了土地，过上了好日子。

在东北做工是很苦的。工人无星期天，一天干十二个小时的活，过年放了三五天的假。东北山东人最多，十个就得有八个是山东人，干什么的都有，我看到大多数是修兵营、仓库、搞建筑。招劳工是带有强迫性的。我村招劳工的去十个，死了五个。劳工都是集体乘车去，怕中间跑掉了。劳工除非不长病，长病就难免一死，也就是说只准干活，不能长病。招劳工的都是日本人委托的中间人，他们把大部分钱卡去了，真正用于招工的不到三分之一。当劳工的一般都不知道是谁招的，为谁干的，领上十元钱的安家费，就被人看起来了。一般工人比劳工工作条件好得多，自由得多。在新京时日本人经常抓劳工，只要是无业，就被抓去。

博兴县

刘殿铭（县政府办公室副主任）

博兴县位于黄河下游南岸，距滨州市三十五公里。全县九万九千零九十四户，四十一万九千九百一十人，耕地七十二万亩。

1912—1949年，流往东北的人甚多，已调查到的有二千一百二十户，五千三百一十人（1949年前全县三十一万人），外流人员多是无地少地的贫苦农民，还有少量手工业者、小商人和破落户子弟，半数以上到黑龙江，百分之四十到虎林，剩下的在辽宁。到东北去的多是做工。外出原因主要是生活困难，特别遇上水、旱、雹、虫、风灾。1937年黄河在麻湾决口一次，造成大量农民外移。现在返回一千四百九十二户，三千七百二十五人，这些农民，大都是1937年到1940年大旱之年去的。1945年解放，土改时闯东北的都纷纷回来了。现在仍在东北的与家人大都有联系。

刘家祥（庞家公社管委主任）

庞家公社五十个自然村，七千零二十九户，二万八千八百一十九人，土地十万零三千亩。

1949年庞家公社二万六千人，总收入二百五十万元。1911—1949年外流东北的共计三百三十户，五百六十人，其中黑龙江二百一十户，二百七十人；吉林八十户，二百四十人；辽宁四十余家户，五十人。去东北的主要原因是经济生活困难。解放前去后回返二百三十户，尚留住一百户，留住的其中有三十户仍无有联系。有一户是1936年去的，杳无音信，1974年才与家人得联系。还有的上几代闯东北，1937年日本侵占东北三省，他们回到山东老家。后来日本鬼子侵占山东，他们又回东北去了。外流东北的多是在1942年以前，个别也有在1911年后就去的。大致调查几个村：杨集去四户，四人，回一户一人，三户三人留住；王家村迁去十三户十三人，全部返回；通滨村迁去八户八人，回返六户七人；绳耿村迁去十四户十五人，回返十三户十四人；王厨村迁去十三户三十人，回返七户十五人，留住六户十五人。凡是去东北多的村，都是穷村。

解放后去东北的一百户，其中1958年招工去的十人，回来三人，其余均为投亲去的。近几年回来的较多，张庄五户都回来了，原因是家乡经济条件好转了。

崔登文（庞家公社杨集大队人）

我今年五十岁，没去过东北。我大爷是1937年去辽宁本溪，给日本鬼子开山洞修铁路。他去时三十岁，父、母、妻子都死去了，他孤身一人闯东北。四十年没音信。到"文化大革命"中他来信找家。1937年我们去接他回老家住了半年，不久又回东北去了。他现在有三个孩子，妻子是东北人。

于树林（庞家公社杨集大队人）

我今年七十四岁，闯关东时二十六岁。当时家有父、母、妻子。从张店坐火车，经济南、天津到奉天。原来在家是木匠，在那儿找了木工干。我没上过学。与我同去的是我姨表兄，奔着在东北的姑表兄弟去的。他比我早去一年多，我就是在老家跟他学的木匠。路费是自家筹办的，大约四十元纸币（法币）。在东北要自己找活干。去东北十一年，只给家捎回一次满洲票子一百元。我去东北后，家人靠种田为生，生活很苦。后来日本鬼子投降，工厂也随之倒闭，我就返回家园。回来时坐火车到沧州，而后步行回到家。到家时还剩八十元的满洲票子，又换成北海票子。回家后一边种地，一边干木工。两个表哥早就回来了。我在东北时，生活比较自由，自挣自花，生活还可以，所以当初不愿回来。在那儿我们几个人租一间房子住。回来时，家里比以前好，原来的一个孩子长大了，后来又生了一个。

郭德祥（庞家公社孙家大队人）

我今年六十二岁，出生在关东，十六岁（1941年）

回到家乡。祖父、祖母什么时间闯关东，我不清楚，只知他们把我大爷、大娘、父亲、母亲一起带去的。当时家里人多地少，生活实在困难。回来时，光我父亲一家就有十一人，父、母、哥、嫂、三个弟弟、三个妹妹。我兄弟姊妹全生在东北大爷家，两个哥哥也生在东北。日本人欺压中国人太厉害，加上祖父、祖母过世，父亲就带我们一家回来了。由大连乘船，到龙口，然后步行半个月，行程六百多里才回到家。在路上遇村住村，遇店住店，无店住场院屋。祖父闯关东时把家中六亩地托付给外祖父及舅舅种着，自种自吃。我们回来他们又把地还给了我家，并帮着盖了三间房。回来时先和外祖父家住在一起，盖好房又分居。我们在东北一直同外祖父家通信。大娘、大爷都过世了，还剩两个堂兄在东北，都在辽宁煤矿上干木工。他们安居乐业，不想再回家了，我哥哥嫂嫂1952年回东北，至今未回。

吴玉珍（庞家公社绳耿大队人）

我今年六十三岁，十七岁结婚，十八岁闯东北。当时家有祖父、祖母、父、母、叔、姐、妹、妻子共九口人。我是招工去的，耿家庄的张志新领我们到济南，被关在一个院子里，没活动自由。我村共三人，其他村的人也不少。张志新没给一分钱，招工钱肯定他贪污了。张说，东北很好，挣钱多。其实他原在北京天津当过裁缝，也未到过东北，是把我们骗了。我到东北淘金，干了两年，只管饭，不给钱。后来跑出来去修飞机场，有半个月。后来发了良民证，就在那儿赶马车。赶马车只能是自己顾自己。在东北七年也没回过家，没寄过钱，没给家写过信。我不识字，后来找人代写了封家信。家里得知我的音讯之后，亲自去人把我领回来了，路费是家人带去的。我是独生子，姐妹出嫁。回家后家人高兴得流下了泪。回来后我同张志新打官司，张当时把我送到一个叫湾沟的地方就回来了，他骗了我，没给钱，最后他给了我们家30元钱才算完事。

再说一下我们同去的三个人，起初都在金矿淘金，有一个当了小工头，情况比我们好一些。我和另一人看到矿上伤人很多，决定要逃出去。我们两人在夜间带了一袋子面粉就逃了出来。因怕人追上，跑了不远又把面袋丢了。当时要是被追回去，就得把我们装在麻袋里猛摔，那命也难保。我们两人跑出后，干了一阵子煤窑，因炸药失火，他被炸死了。当小工头的那个老乡，比我们在金矿多干了几年，以后也是赶马车。

刘振华（陈户公社管委主任）

陈户公社现为五十七个自然村，一万零四百七十四户，四万二千七百二十人，可耕地四万八千亩。

据调查，1911—1949年这个公社外流东北的一百九十六户，四百零七人。最早是1912年去的，1937—1940年外流东北的最多。

解放前，这儿生活很艰苦，土质不好，自然灾害多，正常年景，也是半年糠菜半年粮。1937年黄河决口，水患严重，人民无法生活，只得逃荒东北，这是闯关东的一个重要原因。另一个是日本侵入中国，需要招一批人去开矿修路，也就是招的华工。另有极少数人不务正业，偷偷摸摸，其中一个好赌博，又偷盗，最后跑到东北去了。

到东北三省，一是开荒种地，也有给人家种菜园的；二是做工，也有在矿上干个零杂工的。

去的路线，一是从张店坐火车东去，到青岛、烟台再乘船到大连登陆。二是坐车到天津乘船。三是肩挑步行去的。

去闯关东的人，多是变卖家产，或将家产托人保管。

到目前闯关东返回三百二十人，仍在东北的二百五十二人（这两个数字都包括去后生的子女）。返回的原因，一是农民乡土观念强，长年在外思念家乡；二是解放后，家乡人民生活的巨大变化，吸引着人们回来。

闯关东的集中于三十一个自然村，堤上村解放前九百六十人，闯关东的三十七户，七十六人；霍家村三十二户，五十七人。其他较少，红耿村八人，东寨村一人，单人去做工的多，全家去务农的多。

王希滨（陈户公社堤上大队人）

我现在七十岁，1920年去吉林扶余县增生村种地。我是投奔岳父去的，我和妻子是娃娃亲。她十二岁跟随她父亲去了东北，七年后她十九岁，我二十岁，这时我去东北结了婚，走时家有母亲、两个哥哥、一个弟弟，他们都结了婚。

去东北时，是我们同乡三人结伙去的，一是堤上村的；二是红魏村的。路费都是从家里拿的。我们步行到青岛，又乘船去大连。我和其中一个老乡在同一个村种地，另一个在那儿教小学，他们至今未回。

我是1949年3月带着妻子和三个孩子回来的。听说家乡解放了，分得了土地，还是回家好，于是我们坐火车到天津，后跟着马车步行五天，才回到家。回家后分得十五亩地，一直生活得很好。

在我回来时，岳父家已有十几口人，四个儿子都成了亲，解放后，两个在机关工作，两个种地，他们已不想再回来了。1983年8月，我妻子去东北走娘家，到现在已八九个月了，还没有回来。

肖连全（新户公社肖家村人）

我现年四十四岁，在我出生的第二年，也就是1941年，父、母带我们兄弟三人闯了东北。当时家乡闹瘟疫，祖父、母染疾而死。父亲给地主扛活，维持一家人的生活。两个姐姐以讨饭为生，后大姐出嫁，二姐做了童养媳。我们一家没办法，就闯了东北，到吉林省的扶余县，投奔本村早先去东北的一个邻居。路费是变卖了点家产，房屋、地都押出去了。推着独轮车离家，到张店车站，乘火车到天津。又由在天津卖煤的一个叔叔资助几个钱，才到了东北。在那儿与山东老乡一起租种土地，以维持生活。刚到时，住在一些同乡家里，一家轮住几天。扶余县在松花江边上，有时也打鱼。我们在那儿住了八年。我的两个哥哥当时年龄也很小，只能帮家干点零活。东北的生活比山东强一些，土地也比较多，土质也好，穷人的日子也好过一些。松花江冬天一江冰，夏天一江水。

在东北山东人很多，十有八九，有的几辈以前就去了。有时小孩子们打仗，生在东北的孩子骂山东刚去的孩子为"山东棒子"。家人出来就揍那骂人的孩子，说："你爷爷也是山东人。"

郭宏华（新户公社东寨村人）

我今年四十二岁。1937年，日本鬼子招工，我父亲单身去东北。家中还撇下我母亲、两个姐姐，后来瘟疫流行，大姐病死，1939年父亲从东北回来。1940年家乡又逢大旱，父亲带母亲和我及二姐又去东北吉林省北部的一个县，在那儿和山东的同乡合伙种地。不久即1941年又转到吉林内蒙交界的王爷庙开荒种地。当时同我家住在一起的只有七户人家，叫"山东村"。1943年我母亲就在这个"山东村"的一个地窖里生下了我。"山东村"全是山东人，靠种地为生。吃饭没有问题，只是山里经常有红胡子抢粮食。山里面全是森林，冬天很冷，烧火炕、火盆取暖。那儿八月十五就下霜，第二年阴历五月种地，冬天很长，庄稼的好时候只有百来天。冬天围火炉聊天，有时出去打点珍贵的猎物。夏天用蒿草一熏，没有多少蚊子、小咬。"山东村"的七户人家，原先有三家先到那儿，后来又去了四户，记得一户是博兴的，另三户是青州的。大家都是不约而同住到一起，开荒种地，老乡之间都很亲热。我们到那儿时先借一间小房，等盖好房子才搬出来。当地一片荒凉，村庄很稀少。这个山东村发展很快，1953年我们回来时已有二百多人；1968年我回东北看望老乡时，村里已有一千多人了，除几户是河北人外，其余全是山东人。有些是临时户口，现在户口紧了，再去就不容易了。

在东北我家先是种地，后父亲烧砖窑。解放后烧窑挣钱还不少。当时国家建设需要砖，我父亲一年能烧四窑砖，一窑一万多块砖，每千块25元，因此，我家挣了不少钱。1953年父亲病死。老家的大爷知道我们在东北也不好再待下去，孤儿寡母不好混，他写信让我们回来了。路费是父亲烧窑的钱。回来时，有母亲、姐姐、弟弟和我四口人。到家后，原来托付给大爷种的一亩八分地，又还给了我们。后来我家日子还可以，又买了三亩地，以务农为生。不久实行互助合作，而后初级社、高级社、人民公社，生活还是不错的。

1968年我带了些棉花去看同乡熟人，那里生活也不错，不过吃的多是高粱米。到那儿老乡们都很热情，这家请饭吃，那家请饭吃。到现在那儿还有个习俗，后去的人逢年过节，都得向创业者送肉送礼，不收也不行。

王炳广（新户公社堤上村干部）

我今年四十二岁。1938年父亲带我母亲、二哥、三哥、一个姐姐闯东北。大哥已结婚，留在家。1941年我出生于东北。父亲兄弟六人，分家时地很少，生活困难，很难维持。父亲、大哥给本村一家地主扛长工。1938年地主丢了一只船，后来虽然找到了，但追查父亲的责任，我家只好出钱请客，花了些钱，以后生活更困难了。听说东北日本人招工，能挣不少钱，决定去东北。同去的还有两户。我家筹办的路费是押地变卖家产，自张店坐火车到烟台，又坐船到大连。到大连后，我父亲给日本人修铁路，只能维持他本人的生活，其他人讨饭。后来听说本家有个伯父在扶余县增生村，便写了封信联系。伯父接信后，先把我母亲及兄弟姐妹接去。我父亲因受日本人监视，行动不自由，后来逃出才去扶余县。我父亲去后头一年卖豆腐，二哥给地主放猪打杂。后来父亲给地主做老酒，直到1945年回老家，我们家乡是老解放区，1945年就解放了。当时祖父已谢世，祖母病重，家中写信告知，我们便起身回家。在那儿变卖了家产，坐火车到天津，又坐汽车回到家，路上父亲闹痢疾，差点儿死在路上。回家后同大哥合住一起，全家共八口人。我上过几年学，现在当国家干部。现在我们与东北已没有任何联系了。同我们一起去东北的那两户也回来了。

邹平县

王臣修（副县长）

全县一千二百三十平方公里，南部是山，中部平原，西北盐碱地，地势复杂。1949年解放时全县四十一万七千三百人，其中农民四十万八千六百人，耕地一百四十二万亩，粮棉兼种。

解放前由于经济、社会等原因，1912—1949年闯东北的人数不少。由于时间短，只调查了部分公社，调查到的计有一千九百零四户，一千九百四十四人。已有半数以上返回老家。

孙××（孙镇公社管委主任）

我社位于邹平县北二十五里，四十个自然村，八千三百三十二户，三万六千九百九十四人。

1912—1949年，全社迁往东北一百四十二户，一百四十四人，分布在三十一个自然村，最小的十二岁，最大的三十八岁，多数都在十八岁、十九岁、二十岁三个年龄。一百四十四人的迁移分布在各个年代：1915年前十人，1916—1924年十一人；1925—1927年十六人；1928—1933年九人；1934年三十人；1935—1936年三十一人；1937—1949年三十七人。

闯关东的基本上都是贫苦农民。去东北后，有的被日本人招劳工当码头工人；有的去黑龙江做伐木工人；有的去沈阳四平一带当铁路装卸工人；有的去开荒种地，或租种土地耕种；有的当小炉匠或各处乞讨。

闯东北的原因：

一是为生活所迫，有百分之五十的移民给地主耕种土地，缺吃少穿。

二是为逃避抓兵，不愿给国民党当炮灰。

三是黑暗的社会制度，使青年思想空虚，沾染了一些坏习气，赌博输了钱，走投无路。

四是因为父母包办婚姻，结婚后不和。有一个青年，结婚后就去东北，在那儿又结第二次婚，现年八十岁了。

五是好奇心，闯闯东北，开开心。这种人极少，是比较富的人，调查到的只有一人。

闯东北的路线，一是到周村东站，坐火车到青岛，然后坐船到大连。二是步行过黄河到天津，然后坐火车入山海关。

闯关东的大多死在东北，回来的很少，有的至今杳无音信。解放后回来的有七户七人。在世的也很少了，小的六十四岁，大多数在七八十岁。他们返回的原因：

一是在东北仍受地主把头的欺压。

二是找不到合适的职业。

三是年龄大了，要回老家结婚。

四是家中发生了不幸。

五是解放后，家中生活好了，恋家。

孙镇公社解放前迁徙东北三省的人口情况：

首先介绍一下1912—1949年该公社迁移东北三省的情况，共迁出一百四十二户，一百四十四人，详细情况列下：

坡庄管区：五人，怀居刚　怀学思　怀守成　怀心一　怀京成

王伍管区：十五人，李乃勤　李三子　李收子　徐建

长　许宗圣　王桂武　王家贵　王桂芝　王家春　王传美　王家奎　王传郎　王传法　王传玲

辉黑管区：四十九人，张林贵　张聿群　孙奎堤　孙奎兹　张震法　朱炳银　陈立忠　孙道喜　孙学仙　张震凡　孙和义　孙奎三　张永昌　张学亭　苏振东　张学孟　陈立贞　李公水　李公仁　张永才　张永亭　段明芳　张洪德　宋传河　张继河　张继平　胡会亭　张学仲　张华珠　张玉俭　张洪宝　孙传德　张友告　张继发　孙友点　李交庆　李郭长　李明长　李洪庆　李庆桥　孙庆禹　李传行　张胜叶　李雨田　李本长　孙祥义　杨继发　孙开船　杨斯珍　钟志唐　冯俊恒

有理管区：二十一人，刘义和　刘春功　李善贵　李氏　刘望春　李大义　刘建弯　李孟南　李凤逍　刘松海　李大海　李汉三　李大顺　高佃英　赵怀信　王玉堂　王允德　张井娥　高向钱　王二有

时家管区：十六人，张安岭　张安争　张安忠　信允明　时象钢　时象奎　时长通　时尚纲　时玉才　时玉海　时玉禄　时玉贞　蒋瑞明　时玉思　孟兆祥　时玉祥

孙镇管区：三十六人　魏德海　张永德　魏一军　张得波　孙双龙　孙兆瑞　孙传宝　孙广田　崔茂五　崔茂青　李守堂　范雷青　李井官　李福生　李振环　范军凤　王庆善　王庆平　王福子　王圣成　王庆太　王庆武　崔友子　马红文　王玉春　王尽里　李福星　王长生　马红书　李云生　马银子　马修深　马红泽　陈友庆　曲义田　夏厚德

以上一百四十四人大都是单身闯东北。死在东北的占大多数，去后杳无音信的有一部分，只有很少人，解放后

又回来或在东北定居。

其次，再介绍一下解放后回来的七户七人。现在这些户共有四十九人，其生产、生活情况如下：

徐建长：周家大队人，1915年前后，徐二十岁左右时，因家中生活困难（当时家有六口人）一个人去东北谋生。解放后回家，参加土改，曾是农救会干部，分了土地、房屋。1962年病故。现家中十一口人，长子徐方超，系邹平县石油公司干部；次子徐方我，大队卫生员，其他成员务农，家庭生活很好。

王家贵：王家大队人，1920年因家中生活困难迁移东北，以后回家，1954年病故。其八子王秀，现任博山区区长，生活富裕。

王桂武：王家大队人，1925年左右，当时只有廿岁，因家中无法生活，迁移到黑龙江安家，并找了妻子。1949年回家。现家中八口人，其子王友学在孙镇公社食品站工作，生活很好。

王桂芝：1925年左右因生活所迫，十八岁下关东，1953年回家，1960年病故，现家中八口人，侄子王有广任大队副书记。

张林贵：王伍西大队人，约1924年去黑龙江滨县，出走时家有五口人，生活极为贫困。去滨县以小炉匠为业，在东北结婚。1965年回村并带来一个儿子，目前张林贵家有十五人，有二儿二女，大女儿是国家干部，小女儿务农。原带回家的一子，已建家庭，七口人，生活很好。

时长通：时家大队人，解放前去东北生活14年，解放后回家，已病故，无后世。

马红文：孙家大队人，解放前去东北，以后做小生意为生。1954年回家一次，回去后不久病故，家中别无他人。

最后再介绍一下，解放前闯关东，解放后没有回来，现在与家乡有联系的八户约二十八人。其职业和生活状况如下：

宋传河，原籍孙镇公社辛集大队人，现在黑龙江省某调度室主任，家有六口人，妻子、三个儿子。长子已结婚，生活富裕。

李福长，王伍西大队人，本人约在1915年左右（二十岁时），主要因为生活困难，兼有夫妻不和，一个人去黑龙江落户。解放后才与家中通信，其本人已病故十余年，全家仍在东北。他共有五个儿子，大儿李乃仁油脂公司干部。二儿病故。三儿李乃礼务农。四儿李乃智齐齐哈尔市化工总厂二分厂工人，1982年回家一次。五儿李乃信务农，全家共有二十多口人，生活富裕。

李大文：腰庄大队人，约在1924年去哈尔滨，完全是由生活所迫，去三年后又回来带去了妻子儿女。现有两个儿子，其本人病故。长子李其良务农；次子李其点医院会计，现全家生活较好。

李大海：腰庄大队人，约1928年为生活所迫，迁移东北。1959年来家一次住过两天，职业不详。

王玉堂：东安大队人，因生活所迫，去东北黑龙江省，在那儿找了妻子。现在务农，有四个儿子，两个务农，一个工人，一个飞行员。

蒋瑞明，坊子大队人，解放前去东北至今未归。原在黑龙江伊春市新春林业局工作，现已退休，七十多岁，由长子蒋兰亭接班，现家中六口人，生活一般。

李云生，孙镇大队人，1934年因生活所迫，去东北吉林省八道口三岔子镇安了家，去时三十三岁，以伐木为生，解放后当了工人，娶了妻子。现全家五口人，三女一子，一女在供销社工作，一女当医生，一女当教师，儿子是通化车站机务段副主任，生活富裕。

　　魏德海，1935年因生活贫困去大连，从此无音信。至1972年据从外地了解其情况的人口中得知：他现在大连第二汽车运输公司工作，详细情况不了解。

　　以上是孙镇公社在民国年间，农民闯关东的大致情况。下面再请五位回返移民介绍他们闯关东的情况。

　　张洪宝（孙镇公社辛集村人）

　　我今年六十六岁，十九岁时（1938年），被日本人招到东北当劳工。当时周村站有招劳工的点。同我一起去的十八人，最大的三十岁。我们从周村坐火车到青岛，转乘船到大连。当时家有四口人，父亲、母亲、弟弟和我。问我为什么要去当劳工？那年月兵荒马乱，抓兵拉夫，生活又困难，心一横就当了劳工。我们同去的十八人都在大连海港装卸轮船，一干就是五年。工钱每月三十元，每年也只能给家寄三五十元，写两三次信。我不识字，托人代写。我是怎样回来的呢？刚去时，东北生活比家里好一些，后来逐渐觉得不如家乡好。住的是楼上通铺，吃的是豆饼，常挨日本人的打，有病得不到治疗，死去的人很多。回来也不容易，日本人不让回，托人办的手续，带回一些盘缠钱。回家后结婚、种地。我们同去的十八人，死在那里两人，其余十六人都回来了。

　　李云鹏（孙镇公社孙镇村人）

　　我今年五十三岁，是我的哥哥李云生闯过东北，我没去。他现年七十九岁，1933年去吉林省浑江县三岔村，做伐木工人。他去东北主要是做生意亏了本，全家十一口人，生活难以维持，再加夫妻不和，于是丢下妻子和女儿，在一个月夜只身走出，到小清河坐船就走了，他是跟着老乡去的。在家的妻女一直过着艰苦的生活。他在东北又结了婚，生一儿三女。儿子在同化车站工作，三个女儿分别干供销、医院、教师。他当年伐木时，胳膊受了伤，后改做醋、酱油。解放后他成了国家的职工。1975年他回家来一次，待了半年又回去了，现已退休。他原先的妻子1977年去世。

侯惠良（孙镇公社辛集村人）

我哥哥十九岁（1943年）闯东北，我没去过。他为什么去东北？那时全家十口人，无地耕种，生活难以维持，哥哥才不得不逃荒东北。我舅舅1938年去大连拉黄包车。舅舅探家，哥哥跟他去东北。哥哥到东北拉人力车四年，得肺心病，1947年就回来了，1948年病故。舅舅也是1947年回来的，那年他三十六岁，还没有结婚。他回家买了二亩地、一头小牛，才成了家。

李公水（孙镇公社辛集村人）

我是1938年被日本人招劳工去大连海港码头装卸船，时年二十二岁。家有父亲、母亲、弟弟、妹妹共五人，家庭生活非常艰难。在大连一干就是七年，干装卸很艰苦，工钱不多，除生活费余个十元、二十元的。七年中给家寄过六次钱，每次寄五十元至六十元。中间探家一次。1945年解放，家乡生活好转，就回来了。带回一百多元钱，置了点农具，又结了婚。现在是五个孩子，二男三女，生活很幸福。

冯月修（孙镇公社冯家村人）

祖父1927年去吉林挖煤，有一段做小买卖，勉强维持生活。据说，祖父是因为家里负债过多。当年张宗昌在山东苛捐杂税多如牛毛，捐税拿不上，只好借债。家里人多生活难以维持，想去东北挣些钱还债养家。祖父走后，家里人烧红砖窑，挣了不少钱，还上债。祖父在东北也没挣多少钱，1940年就回来了。

赵玉德（位桥公社党委书记）

位桥公社位于邹平县西北二十八公里，北临黄河，南靠济南市郊的章邱县，距济南市八十二公里，小清河横贯东西，水陆交通很方便，是过去的老齐东县城住地，是县内历史上经济文化中心之一。

1949年以前，由于政府腐败，连年战争，灾荒不断，人民生活得不到起码的保障，人口流动迁移情况比较多。据我们掌握的情况，从1924年到1949年二十五年间，流入东北三省的人口就有一百一十六人。其中1924年至1937年有十七人；1937年至1945年的有八十七人；1945年到1949年的有十二人。其路线多是乘火车由济南到天津，再由天津坐船去东北，或从青岛、烟台乘船直接到大连。有一小部分是沿路乞讨或做小买卖，或耍手艺去的。

闯东北的原因，1937年以前去的十七人，其中三人是赌博输了钱跑出去躲债，胡混了一二年再回来，这三人早已病故。有一人是做小买卖出去的，因为混不下去，1937年前就回来了。另有十人是打铁或干炉匠，一般当年来回。其余三人因生活困难死于东北。

1937年至1944年，有十一人是卖劳工出去的。在东北为日本人修铁路，死了四人，1945年日本投降后回来七人。现仅存一人，名叫王桂前，他是和父亲一起去的。其余的人都是因生活困难出去的，调查到的有八十七人。这些人中在外落户的十三人，至今死活不明的十九人，估计可能都死了。回返五十五人，现在活着的还有十三人，如田李靳大队的李五羊，老王庄的孙志国，郭辛大队的郭宝梦兄弟俩等，他们都生活得很好。

1945年到1949年去东北的十二人。其中一个是1946年拐着个女人去的，前些年有人说他在外混得不错，后来失去了联系。还有一个叫刘祖俭的，因生活困难跑到东北，在外娶妻生子。1956年妻亡携子回乡。1966年刘病故，其子又回东北。还有三人是干小买卖出去的，在东北混不下去就回来了，这些人早已过世。其他出去的都是单身汉，有的是外地人，与本地一直没有联系过，因此死活不明。

民国年间往东三省迁移的原因很多，归结起来，其直接原因有以下几条：

一是卖劳工，为了挣几斗粮食给家渡荒而背井离乡。

二是躲债躲兵，逃到地广人稀的边远地区，过几年又回来了。

三是逃荒，为求一条生路而盲目的闯，所以叫"闯关东"。

四是其他，诸如拐带女人、做小生意等，这是个别情况。

返回的主要原因有：

一是人都有思乡之情，不愿抛尸外乡。

二是不服东北水土、风俗习惯，如严寒吃、高粱米等。

三是在外举目无亲，日子也不好混，外地人在东北找职业、找对象、成家立业都有许多困难。

四是有些人一出去就不是打算久住的。为了躲避某种风头或出去挣几个钱，一旦达到了目的就回来了。

留住东北的一般是家中无牵无挂，无亲属或无产业，而在外又找到了比较理想的职业，或者是和当地人组成了家庭。

宋振兴（位桥公社宋家村人）

解放前我村七十多户，近四百人。1949年前有六户六人闯关东。1932年一人；1934年一人；1936年二人；1939年二人。去大连二人，沈阳二人，哈尔滨二人。去东北的原因，两人为躲避抓兵，其余为生活困难。从事的职业，赶马车的二人，经商或学徒的三人，种地的一人。路线，四人从西路进山海关，一人由东路乘船到大连，一人长途跋涉逃荒要饭而去的。六人中有五人投靠亲友而去的。一人留住大连落户，五人返回，现尚存二人。返回的原因主要是思念家乡，东北有些地方的生活比家里好不了多少。

孙志国（位桥公社老王村人）

1945年父亲为了躲避日伪军抓兵，便带着我母亲、姐姐和我逃荒到青岛，而后坐船到大连，再到辽宁的瓦房店落户。留在家里的祖父、祖母由叔叔照顾。我们去是投奔1939年去东北的本村一位干小炉匠的乡亲。在家我父亲农忙种地，农闲做小炉匠，由于有这个手艺，所以到东北仍做小炉匠。瓦房店是个小镇，我母亲在这个小镇做小买卖。我们全家在东北待了五年，家乡解放就回来了。土改分得五亩地。目前全家十三人，生活得很好。

郭宝孟（位桥公社郭辛村人）

我是1943年去东北凤凰城干小炉匠，时年二十二岁。那时家有祖父、祖母、父、母、兄弟五人，共计九人。因家庭生活困难，父亲让我去东北，希望能挣些钱回来。当时我还没有结婚，又有打铁的手艺，所以我答应去东北。同我一起去的共有四人，他们都结了婚。清明节起身，挑担步行到青岛，又坐船到大连再转旅顺口。我们四人，又步行到凤凰城，找到了老乡张学福，在他的帮助下安了身干小炉匠。每年春节回家一次，带些钱来，当局不准多带，只准带五十元。1947年回家结婚，待了三个月又返东北。1948年家乡解放，就回来了，在东北计六年。

张学伦（位桥公社印家树人）

我父亲1935年带全家去黑龙江双城县干小炉匠。当时我家有父、母、两个姐姐、两个哥哥，我还未出世，我是出生于东北。我父亲带全家经周村、青岛、大连，而后坐火车北上到达双城。祖父和伯父那时在双城，他们很早就去东北了，祖父去的时候还是在清朝。祖父、伯父一家七口人，加上父亲一行六口人，共十三口人，住在一个村子里。在那除父亲干小炉匠以外，其余是租地种，生活也不好。祖父怕死在异地，六十八岁上就领着全家回来了，只是姐姐在东北结婚留在那儿。

王桂前（位桥公社西码头村人）

我是1939年十七岁当华工去东北的。当时我家六口人，有父亲、母亲、两个弟弟、一个妹妹。全家没有地种，只有给地主当雇工，有时做小买卖为生。当时为日本人招劳工的是本村无正当职业的一个人，叫王志道。他在附近几个村招了九人，先到济南，父亲送我到济南。后坐火车出山海关到黑龙江黑河一带，给日本人修铁路。干活很苦，修铁路流动性很大。日本人对我们工人非打即骂，同去的九人当年就死去四人。铁路修完，把我们送到天津啥也不管了。我们不得已用自己仅剩的几个钱买车票，回到家两手空空。解放后我结婚，现在生活很幸福。

（三）潍坊地区

临朐县

马××（县政府办公室主任）

临朐县位于鲁中山区，百分之八十是山区；百分之二十是平原，历来耕地在八十万亩左右。民国年间全县人口一直在三十万至四十万之间上下浮动。据有关资料记载：民国十五年（1926年）三十四万二千零五十一人；民国二十一年（1932年）四十一万八千六百零二人；民国二十三年（1934年）四十一万八千八百六十人；民国二十八年（1939年）三十八万人；民国三十一年（1942年）二十万七千四百一十六人；民国三十八年（1949年）三十五万六千四百人。从以上数字看，民国三十一年（即1942年）的人口是个低谷。1940年至1943年之间临朐县人口变动最大，这几年天灾人祸极为严重。1940年至1942年连续三年大旱，粮食颗粒无收，日伪汉奸杂牌军催款逼粮，到处抓人。为此，全县人民逃离很多，最多时逃离人口占全县总人口的百分之七十九,其中百分之八十是全家逃走,百分之二十留下一二人看守家产。这期间逃往东北三省的就有十二万八千人。临朐成了骇人所闻的"无人区"。请看临朐县展览馆讲解词中关于悲惨的"无人区"的描述:

从1940年至1942年由于日寇汉奸的烧杀抢掠,国民党反动派的摧残蹂躏,封建地主阶级的剥削压榨,把整个临朐变成了十室九空,荒无人烟,蒿草屋檐高,炕上抱狼羔的"无人区"。那时的临朐,饿殍载道,哀鸿遍野,田地荒芜,蒿草丛生。到夜晚,看不到一家窗口有灯光闪,只见那村前房后鬼火点点,到黎明,听不到雄鸡的啼鸣,只有那猫头鹰的惨叫。真是"云遮雾障星不明,万户萧疏鬼唱歌";据不完全统计,全县背井离乡,逃荒要饭的十六万八千人,其中下关东的十二万八千人,四万人逃到山西、广饶、惠民、苏北、临沂等地。被日伪顽匪杀害和冻饿而死的十一万八千人,骨肉分离,典妻卖子的一万四千人。三年过后,全县原来的三十八万人,只剩下八万人。

曾照林(营子公社曾家洼人,县招待所炊事员)

1937年,父、母带我们弟妹六人,连父母共八人闯关东。当时我只有十二岁。我的哥哥留在家里给地主干活,姐姐也留下跟婶子过,不久姐姐就结婚了。我们为什么闯关东呢?就家庭生活说,日子过得很苦,当时全家十口人,只种着土质很不好的五亩河滩地。正巧有个姓窦的人来替日本人招工,到抚顺煤矿干活。父亲为了维持一家人的生活,就答应去东北。路费全部由姓窦的负担,但条件是到东北,所用路费由工资里逐月扣除。我们先到益都坐上火车,经济南出山海关。到那以后,父亲在煤矿干活,我是专门给小轱辘车上油。给了一间十五平方米的房子，房费由煤矿上扣，父亲每月三十元，我是十五元。路费、房费扣了半年才算完。生活比在老家好一些，吃的是高粱米、棒子面，能够吃饱，这在当时就不错了。在那儿整整干了十年，1945年苏联红军解放东北，共产党接管煤矿，我们弟妹中又有两个干活的，这样全家四人干活，生活更好一些了。我们全家八口人是1948年家乡解放后回来的。当时带回东北流通券四百元，后又换成北海银行的票子。回到家又分了三亩地，从此过上了好日子。1969年我到县招待所干炊事员。同我们一起从东北回来的还有本村的两家人，共五口，他们是1941年和1942年由我父亲介绍去东北煤矿干活的。

马福山（城关公社朱堡村人，原县物资局副局长，1981年退休）

1940年父母带我和我姐姐共四人去东北。那时我才十六岁。1940年麦秋不收，国民党杂牌军逼款抓人，在家已无生活之路了，不得已才闯东北。祖父、祖母年事已高，乡土观念重，怕出去回不来，说"死也要死在家里"。操办路费也费了很大事，把家具、衣服都变卖了。

我们夜间赶到谭家坊，坐火车到青岛。在青岛待了七天，才买上到大连的船票。船费每人六元，是国民党六十一军出的民生票子。在大连登陆后，又转乘火车到了沈阳。

我们到沈阳是投奔舅舅的。舅舅1930年去东北沈阳，那时他才十六岁，在一家日本人办的铁工厂做瓦木学徒工，每月工资十五元。舅舅住在沈阳皇姑屯，距沈阳火车站十五里路。我们下车后，我按着地址，花两元钱雇了辆马车去找舅舅。见到舅舅后，舅舅骑自行车把我们接到他家。当时我们是和一个山东老乡住一间房。这个老乡的妻子死了，只有一个小男孩，这样我们两家六口人共住一间房，房钱共同付。一年后我们才换到另一间房。

刚到东北时，生活比较艰苦，母亲沿街挎着篮子给人家补衣服，姐姐和我拣煤核。父亲干电焊工。工资先是十五元，后二十元，再到三十元。每年给祖父母寄一百多元钱。后来，父亲转到安东一个新厂子包活干，每月能挣一百二十元。其余三人留在沈阳。1945年日本投降，工资停发，父亲于8月14日坐火车到本溪，当时枪炮声不断，火车不通，又雇马车到了沈阳，已经是8月16日了。这时苏联红军进驻沈阳。十月份国民党接管沈阳。当时沈阳一片混乱，我们全家只靠做小生意，卖煎饼、青菜维持生活。1948年春天全家返回山东。一路上遇到些曲折，先坐船到青岛，又转坐马车到胶县，当时时局混乱，过不来，只好又返回青岛，住在难民院内。稍平和后，我们买了一辆小轱辘车，推着小车，讨着饭回到老家，整整走了八天。

我们去东北后，祖父、祖母两位老人在家受了许多苦，常常吃野菜、草种子、桑树叶子，有时吃上豆饼就不错了。1943年祖母病饿而死，祖父一人在家种地，做小生意为生。

我回到家后，在村里当上了干部，后来又当上了区委书记，县里副局长。母亲和父亲相继在1974年和1978年去世。舅舅死在东北，还有后代在东北。

高普村（城关镇高家庄人，现任县统计局局长）

我是1942年春天去东北的，那年我十八岁。我家一起去东北的共五口人，我母亲、哥哥、两个姐姐，还有我。父亲打算把家里东西变卖一下再去。后来他去东北，到了青岛，等了半个月没买上船票又回家来了，坐火车价钱太高，东北父亲没去成。我们娘儿五个是先到济南坐火车，到黑龙江开通县红星车站张家屯。我们是奔一个远房姑夫孙方远去的，他老早闯关东。到那里全靠他了，他借给我们粮食吃，我们两家挤在一间平房住。后来哥哥被日本人抓去当劳工，挖土方，挑土篮子，改稻田，管吃不发钱，常常挨打。大姐姐织毛衣，每件挣三十五斤粮食。二姐姐讨饭，常被狗咬着。母亲干点家务，我们一家人就是这样生活了一年多。1943年秋我们就回来了。我们为什么要回来呢？一是东北瘟疫流行，死人很多，怕染上病，我就是在去的那年得的麻疹病，几乎死在那里。二是东北妇女少，给姐姐介绍对象的多，母亲怕姐姐留在东北回不来。三是哥哥给日本人干活，如果不及早逃出来，有可能被杀害或被带走。四是我们都想念留在家里的父亲。家里虽然生活不好，但灾害最重的1942年过去了，也勉强维持下去。

回来后听父亲说，当他变卖东西离家到青岛前，把家里的东西都封在一间屋里。当他离家后，有人就在夜里弄开门，偷东西，可能是偷东西的人点着了火，两间房都烧光了。

这里再补充一句，我们去东北的路费是变卖的农具、家具和衣服凑上的。带上两布袋碎煎饼，一路吃到东北的。

我们回家来，又过了几年苦日子。1948年解放了，分了土地。哥哥教学，1973年病故。我到乡里当文书，1956年调到县统计科，当年就考了省统计学校，学了一年回来仍干统计工作。

赵永沂（辛寨公社辛中村人）

我是1940年九岁随父母去东北的，同去的还有我一个姐姐、一个哥哥和一个妹妹。我们先去辽宁的弓长岭，又去辽阳。

我们一家是怎样去的呢？1940年临朐闹大旱，社会上很乱，家中生活实在困难。正在这时，曾经早几年去东北的一个远房叔叔回来了，说是东北日本人要招工，到那里可由他给介绍工作。我父亲觉得跟我叔去，不会吃亏，还有本村十多个劳力也愿意去。就这样由我那个远房叔叔包下路费，坐火车先到了辽宁的弓长岭。我们在弓长岭待了一年，父亲下矿山。一年之后我们又回到辽阳，姐姐给人家做童养媳，父亲、哥哥都进了日本人的工厂，我也给日本人当童工。在日本人工厂里干活的大多是山东人，也有河北的。给日本人干活很不自由，像坐牢一样，不许出厂，每天干十多个小时的活，住在集体宿舍，条件很差，有病得不到治疗，死了的很多。有人想逃跑也很困难，厂周围尽是铁丝网。工资每半月发一次，休一个班。1943年父亲就回山东，弄了些水鞋、钢笔托运回家，想挣些钱，到益都火车站去领，结果给丢失了。无钱再回东北，便在家里住下了。我和哥哥、妹妹、母亲在东北又待了一年多，1944年就回来了。姐姐已结婚，她丈夫也是闯关东的山东人，1948年他们回老家。解放后，我们家分了七亩半地，生活一天天好起来。回来招工的那个远房叔叔至今未回，他在东北已退休了，如今已有八十多岁了。

井文光（城关镇邱家庄人）

我是1938年去东北的，那年我只有八岁。是父亲、母亲带我及一个姐姐一个弟弟去的。

　　我伯父一家五口人，1925年就去东北奉天（沈阳），以种青菜为业，生活还能维持。1938年他得知我们家里生活困难，便寄来路费，让我们去找他。收到款后，我们步行到益都，坐火车到青岛，搭船到大连，又坐火车到奉天。找到伯父，同他住在一起，父亲当青菜贩子，沿街串巷卖菜。1941年家里灾情更重了，祖母、叔叔、婶子也不得不去东北。这样我们全家十几口人都去了东北。后来我一个姨也投奔我们去了。由于人多，在东北生活也遇到困难。1943年祖母、叔叔、婶子就回来了。1946年国民党占了奉天，山东老家解放，我们全家决心回老家。从奉天坐火车到沧州时，钱叫人家给偷去了。当时沧州也已解放，路费是解放区政府给的。回家后以种地为生。伯父母没有回来，死在东北。东北到处都是山东老乡，山东人很讲义气，吃不了亏。

　　赵永达（辛中镇，辛中大队大队长）

　　我们村是1945年解放的。1940年至1943年迁移东北的人最多。1940年我村一百六十三户，七百三十人。四年逃到东北的九十户，计四百人，比留在家乡的还要多。

　　去东北的路线，大都是讨饭步行到青岛或烟台，再坐船到大连登陆，再到辽宁、吉林两省的一些地方，如抚顺、本溪、同化、辽阳、沈阳等。

　　闯东北的人有单身的，但更多的是全家逃走。有的妇女在路上生了孩子，为了安全无事，便给孩子取名为"保安"。有的到东北辽阳生了孩子，便给孩子取名为"辽阳"。当然也有在路上生病死去的。

　　为什么这四年闯东北的多呢？首先是连年大旱，1941

年至1943年未下雨，又无任何水利设施，庄稼颗粒不收，人民的生活极为困难，不得不变卖家产，凑点路费闯关东。其次是兵祸，那几年可以说是兵荒马乱。一些杂牌军，到处抓兵，逼款，抢粮。不给的就杀头，割耳朵，搞得人心惶惶，生命难保。当时为害最大的有汉奸沈鸿烈的部队，属汪精卫的。再如窦来庚的杂牌军队，不属共产党，也不属国民党。窦是旅长，他手下的一千多人，乱杀乱抢，纯粹是一伙土匪。后败在日本汉奸队手下，窦自杀。旱灾和兵祸逼得老百姓简直活不下去，有的饿死，有的逃走。全村逼走了一大半。这还算是轻的，有的村一人不剩。在旧社会，当然还有地主的封建剥削，不过在我们这里表现不厉害，有两户小地主，这不是主要的原因。

1945年解放，家乡生活逐步转好，逃到东北的陆续返回。全家回的四十五户，一百九十人，回来半户的（如兄弟俩只回一个）十五户，尚有三十户未回，已有十多户死在东北。

赵永庭（辛中镇人，农民）

我六岁那年（1937年）父亲病故。我母亲、姐姐、妹妹、哥哥和我共五口人，过着非常艰难的日子。早先去辽阳的叔叔来信，说可以到他那里去。我们一家在1940年去辽阳。路费是变卖的家产，典当土地四亩五分地。我们到益都火车站，经济南、天津、锦州出关到辽阳。

刚到时没有什么活干，只有讨饭为生，叔叔资助点。后来经叔叔介绍，姐姐到日本人办的纺纱厂，不久结婚，她丈夫老家也是山东，解放后随丈夫到上海去了。我哥哥也是给日本人当建筑工人。我十二岁那年到日本人办的食品加工厂干活。妹妹小，没活干。当时我们只赁了一间房，勉强住着就是了。

1945年山东老家解放了。1948年除姐姐以外，一家都回来了。路上路费花光了，无法坐车，只好讨着饭走回来，用了整整两个月。回家后分了六亩地。

1950年哥哥又去东北本溪钢铁厂当工人。在东北结婚，现在他一家在本溪，生活挺好，不准备回来了，不过隔两年就回来看看。

1954年，妹妹去本溪，后来在东北结了婚，丈夫也是山东人，经常来探家，看望母亲。她也不打算回山东了。

赵永卓（辛中镇人，农民）

我们一家是1940年去东北辽阳的。主要是杂牌军汉奸兵逼迫走的。1940年秋天，我父亲卖猪肉，一个汉奸兵说是买肉，拿肉不给钱就走了。我父亲不愿意，这个家伙把眼一瞪，骂了几句就走了。第二天汉奸队送来一个条子，要五头猪的钱，限三天交上，如果三天送不去就要全家斩草除根。我父亲一看没办法，只有离家躲避。我四叔在东北辽阳，他是1936年去的，我父亲便决定奔他去。在一两天内，卖了几个大瓮，一张床，还卖了一亩地，封上门，全家就赶紧离开了家。那时我们一大家人，有父亲、母亲、姐姐、妹妹、弟弟，共六口人。到辽阳后，叔叔给赁了一间房，开始也是没活干，以讨饭为生。后来父亲到矿山上干活。我十一岁那年也到矿山去挑油桶，不久又与弟弟到一家纺纱厂当童工。十四岁去当瓦工。在那里干活给我印象最深的是挨过日本人一次打。伺候日本人，日本人不满意，一耳光就把我打晕了，我气恼之极，便趁机会逃出去。

1944年冬天，父亲一人回老家，探听消息。父亲回东北后说,老家去了八路军、游击队,是穷人的队伍,专打那些日本鬼子汉奸队伍的。第二年我就来家参加了解放军。1953年复员回到家乡种地,1956年结婚。现在一儿一女,还有儿媳、孙子,母亲也跟我住,共八口人,房子十四间,住得挺宽绰。

我家其他人都是在1948年回老家的。

我的那个四叔叔,还在东北辽阳,婶子也是山东人,在家结婚去的,现在都七八十岁了,已经退休,儿孙满堂,不愿再回山东了。

还有一件事给我印象很深,那就是在东北干活的山东老乡很多,占百分之八九十。在我们那个矿上几乎都是山东人。山东人讲义气,很团结,互相关心,互相帮助。

高密县

赵福安（高密县民政局局长）

我介绍一下高密县解放前特别是1912—1949年人口迁移东北的情况。

高密县位于胶东半岛西南部,面积一千五百平方公里。1912年全县下设十个区,八百五十个自然村,八万三千户,四十三万人,耕地一百六十万亩,粮食亩产一百六十斤,棉花亩产十五斤；1949年全县下设十七个区,九百四十七个自然村,十万四千户,四十八万人,耕地一百五十六万亩,粮亩产一百八十斤,棉亩产二十八斤。这说明,解放前高密县人民生活非常贫困。人民的微薄收入还要被旧官府的苛捐杂税、地主阶级的地租、高利贷等夺去大半,广大人民过着衣不蔽体,食不饱肚,半年糠菜半年粮的生活。

高密县历史上的人口，据县志记载：

> 明朝宏治五年（1492年），全县一万一千三百户，九万八千人。正德五年（1510年），全县一万二千户，七万三千人。在十八年中竟减少二万五千人。隆庆五年（1571年），全县一万一千户，五万四千人，六十一年中又减少一万九千人。经过清朝二百六十七年（1644—1911年）到民国二十三年（1934年）计二百九十年的时间，全县人口才增加到九万二千户，五十万六千人。到1949年全县十万四千户，四十八万人，比1934年又减少二万六千人。到1983年全县发展到十七万六千户，七十八万三千人，比1949年增加三十万人。

我们组织人对1912年至1949年全县人民闯东北的情况作了详细调查。在这期间农民闯东北，有定居东北的，有去几年又回的，有春去冬归的，全面统计不好办，这里就留住东北的迁移人数做了调查。1912—1949年，全县留住东北的七千四百户，三万八千人。其中多数是到黑龙江省和吉林省，去辽宁的人数较少。

为什么这些贫苦农民要去东北呢？民间有句俗话，叫作"死逼梁山下关东"。关东即东北三省，因其位置在"山海关"以东，故称东北为关东。也有的把东北三省称为"海北"的，即渤海湾以北的地方，一般胶东半岛有这个叫法。"死逼梁山下关东"这句话本身就说明了农民远离故土下关东的原因。"梁山"是中国古典名著《水浒》一书中，农民起义英雄一百零八将聚义的地方，所写农民起义英雄都是旧官府把他们逼上梁山的。我县农民所以下关东，也是为生活所迫，不走便无生活出路。当时东三省人口少，土地多，旧官府在这里统治力量又比较薄弱。只要能吃苦，到东北解决吃饭问题是比山东要容易些。因此，为了生计，他们只好选择这条本意不愿走，而又非走不可的道路。具体原因大致有以下几条：

一是自然灾害。如遇大旱、大涝、洪水等，农作物大幅度减产甚至绝产。旧官府是不关心人民群众生活疾苦的，这就把人民逼上绝路。据历史记载：每遇到不能抗拒的自然灾害，流民载道，斗粟千钱，大饥大疫人相食，逃荒在外。这样的年头，往往造成大批灾民下关东。我县在民国三年（1914年）7月22日大雨，半夜潍河出水，城子村被淹没，三百多户冲倒房屋一百六十余间，猪圈、门楼倒塌无数，冲掉粮食二十五万斤，牲畜大都淹死，广大群众四处流浪逃荒要饭。三户卖掉儿女，十七户外流东北。再如1942年、1943年我县连续遭受旱灾，大部分庄稼旱死。当时统治这个县的日本人汉奸队根本不管老百姓死活，照样向农民逼款、逼粮，有不少的贫苦农民被逼得走投无路，只好把破旧的房屋卖掉做路费，拖儿带女下关东。据姜庄李仙大队调查，当时该村百分之八十的人逃往东北。

二是人祸。残酷的阶级压迫和剥削。在旧中国，大部分耕地集中在少数地主、富农手中，而广大贫苦农民占有耕地却很少。在土地改革前，全县贫雇农、中农占全县人口的百分之九十五以上，而占有耕地仅百分之三十。地富人口占全县人口的百分之四多一点，而耕地却占百分之七十。地富占耕地数量多，质量好，而贫苦农民耕地不仅数量少，质量也差。贫苦农民只有给地主扛长工，打短工，一年到头挣得几斗谷子，也不能养家糊口。租种地主的土地，所收的粮食，大半给地主交了租子。有时遇到自然灾害，所收粮食全部交了地租还不够。贫苦农民只得向地主高利借贷粮款。有些农民债务一年比一年多，最后就是把自己仅有的一点土地和房屋卖掉，也无法还清债务，为躲避地主逼债和求得生存，只好下关东。

三是病灾。病灾使农民失去主要劳动力，在本地无法维持生活。没有耕地或耕地很少的农民，男劳力病故，只剩下老婆孩子，想种也无地，想扛长工打短工又不能，只好带领孩子沿途乞讨，最后流浪到关东谋生。有的半路上孩子死掉或卖掉，大一点的孩子甚至被抓去当兵。

四是逼债。因赌博倾家荡产无法生活。旧社会赌博盛行，有些农民因赌博输了钱，卖掉土地或房屋，只得下关东谋生。当然因这种情况为数不多。

还有一些是因兵荒马乱，土匪杂牌军到处抓兵，一些青壮年趁此到关东躲避。

由此可以看出，我县闯关东的绝大部分是贫苦农民。其中大多数人没有文化。到东北去，路费都很难筹办，多数都是到青岛烟台乘船到大连，因船费贱一些。

全家逃到东北的多数到黑龙江、吉林两省开荒种地。单身去的多数在工厂、矿山或者车站、港口做装卸工。

现在再介绍一下从东北回返情况。

我们对解放前闯关东而解放后返回的情况作了详细调查。解放前闯关东而在解放后返回的有三千三百户，一万七千人。

他们为什么返回呢？

一是解放后经过土地改革，耕者有其田，回到家后，不愁没地种，不再受剥削，生活有保障。

二是留恋故乡本土。我们这里有句俗话："树高千丈，落叶归根。"意思是说，不管在外地漂流多久，最终要回到自己的本乡故土，不能把尸骨埋在异乡。

三是因为东北的气候条件不如我们高密好。从东北返回的农民，和故乡的农民一样，享有各种权利和义务。他们有困难，党和政府按政策给予必要的救济，亲朋邻里也都热情帮助，因此，他们的生活都不低于当地同等条件的农民的生活水平。

到现在东北定居，不想再返回的大约有四千一百户，二万一千人，当然这是指闯关东的本人，不是指他们的后代。

荆来云（康庄公社管委主任）

康庄公社位于高密县西部，目前全社共有五十七个队，一万零四百户，四万三千五百人，耕地面积八万一千亩。自然地形南高北低，除东部有部分丘陵外，其余都是涝洼地，海拔仅十二米左右。柳沟河、五龙河、小辛河、官河贯穿南北，北胶新河斜插东西，田沟纵横交错，是出名的高密西大洼。

解放前，这里有五千六百户人家，二万七千五百人。由于地势低洼，河流都是地上河，堤防单薄，常年失修，每逢雨季，河堤决口，洪水泛滥，农民遭灾。由于生产条件极差，粮食产量低而不稳，风调雨顺的年头，每亩地只能产粮一百五十斤，棉花亩产皮棉只有二十五斤，一遇旱涝灾害，则颗粒不收。

解放前，广大贫苦农民深受地主阶级的残酷剥削和压迫，苛捐杂税多如牛毛，军阀混战，民不聊生，加上生产条件落后，一遇天灾人祸，无法抵挡，许多人冻饿而死，出现尸骨成堆，饿殍遍野的悲惨景象。为了糊口活命，许多农民不得不外出逃荒要饭。从1912年到1949年的三十八年中，全社有一千七百五十人闯关东。其中全家去的二百七十户，七千四百人；一户部分去的六十户，三百五十人。后来由于家乡经济情况有好转，加之故土难离，思念家乡，大多数又继续返回家乡。全家返回的有一百八十户，九百二十人；留住的一百五十户，四百三十人，单身留下的四百人。

农民去东北的原因是什么呢？

一是农民无土地，忍受不了地主的剥削和压迫，离家出走，前往关东。解放前全社五千六百户，其中地主富农二百七十户，只占总人口的百分之五，却霸占着耕地六万亩。他们用驴打滚的办法放高利贷，敲骨吸髓式的地租、名目繁多的苛捐杂税，贪得无厌地剥削劳动人民。广大劳动人民，有的房无一间，地无一垄，只好租地主的地耕种，或给地主扛长工，扎觅汉，过着牛马不如的苦日子。

如前毛大队老贫农王岐山，现年八十五岁。解放前家里八口人，父亲、母亲、兄弟四个、姊妹两个。他父亲给地主扛活，终日做牛做马。由于过度劳累，得了重病，地主一脚踢出门外，眼睁睁的病死。他父亲死后，日子更难，他母亲只好拖着劳累多病的身子，抱着小的，领着大的，讨饭度日。为了养活弟弟，他二姐才十六岁，就以几斗粮食的代价卖给了人家。不久，他母亲又因操劳过度，积忧成疾，病死在炕上。剩下王岐山兄弟四人，无依无靠，度日如年，实在混不下去了，1926年他下了关东，一住就是十三年。

再如汪上大队，解放前全村二十一户，一百五十人，都是地无一指，房无一间的穷佃户。他们租种着土地，还被迫给地主看茔，茔盘周围砌有花墙，地主逼迫他们把村名改为"花墙茔"。对贫苦农民，地主不仅用地租、高利贷和繁重的差役进行残酷的剥削和压迫，而且在人格上对他们污辱。地主死了人，逼着佃户驾丧，守灵，披麻戴孝跟着哭，还得为地主上坟、添土，做各种繁重的差役。正因为如此，许多人实在生活不下去就去闯关东。仅1941年到1945年这四年间，这么个小庄就饿死二十人，逃荒关东的二十一人。

二是，苛捐杂税，横征暴敛。当时杂牌队伍很多，纷纷向农民伸手要钱要粮，交纳不上就抓人杀人，逼得广大农民无法生活，只好闯关东。

韩家庄韩国勋一家，在1928年，便衣队要钱要粮，如交纳不上就要杀死他的叔伯大哥（韩亮德），他大哥（韩忠臣）和他二哥（韩明德），为了逃条活命，韩国勋的伯父、父亲、三叔领着全家闯了关东，由他祖父、祖母守家。在东北靠讨饭、给地主扛活维持生活。他二哥在东北长大成人，可是东北也按户征兵，为躲避当兵，加上思乡之情，1943年全家返回老家。大哥到密山当工人，死于东北。

再如康三大队赵庆福，当时家中五口人，种着三亩薄地，住着三间又破又矮的小草房。1939年杂牌队伍向农民摊派杂税，年成不好，租子太重，他全家只好闯了东北。

三是天灾。解放前，生产条件差，经不起旱涝灾害的侵袭。旱时无水浇，种不上，收不着，涝时洪水泛滥，淹没田地，冲毁村庄，使多少人倾家荡产，妻离子散，逼上关东。1920年、1921年发生过大水。1929年、1930年、1943年发生过大旱；1923年蝗虫危害，1943年遇到雹灾，这都逼使着许多农民闯了关东。

还有一些其他原因，如有的人在家惹了乱子，打架斗殴，致死人命等而逃往东北。还有的纯粹为投靠亲友而去，等等。

赵庆福（康庄公社康三大队人）

我是1939年十一岁时下海北的，同去的有父亲、叔叔、一个弟弟、一个姐姐共五人。那年头日本鬼来骚扰，汉奸杂牌队伍多，逼粮要钱，非打即骂，世道乱得没法种地，吃不饱，穿不暖，母亲就是连饿加病死去的。看看这世道实在在家待不下去了，我们一家人去吉林省开通县找我的伯父。伯父是早几年去的，当时他给姓牟的一家地主种菜。

我家的小场院卖了一千二百五十斤大豆，换成钱作路费。我们在高密县康庄火车站上车。当时闯海北的人特别多，三天没有买上票，后托人才买上。到了青岛，又乘船到大连，后转开通县，到了姓牟的那家大地主家的一个屯子，见到了伯父。

在那里，父亲给牟家种菜，牟家给了两间房子。种菜园的牲畜是牟家的，种出的菜同牟家四六分成，我们要四，牟家得六。我年岁小，给地主放牛，一年给二千五百斤粮食。生活仍很苦，一年到头不够吃。借地主的粮食，春天借一斗，麦后还一斗四。鞋也穿不上，我放牛光着脚，脚后跟茧子磨得老厚。

我父亲给牟家种菜八年。解放后，父亲想回来，可是由于气管炎严重,已无法回,1948年死在东北。叔叔去后也是种菜。只种了三年,日本人抓工,他东躲西藏,不久就惊吓而死。姐姐在1945年即二十三岁那年结了婚,她丈夫也是山东人,解放后他们一起回到了老家。我是1949年同东北的一个姑娘结了婚,生了一个男孩。后来,我想家,东北气候又冷,吃的是高粱米、棒子面,不如老家好,就决定回山东。但我的妻子无论如何不愿来山东,便离了婚,孩子跟她留在了东北。我同弟弟在1956年回到了老家。弟弟在1957年结婚,生了两个女孩。我在1958年又结了婚,生了一个男孩。

张洪志(康庄公社后毛大队人)

我今年五十六岁,本人没有去过东北,现在我说一说我四爷爷去东北的情况。

1940年日本人统治我们家乡,杂牌军逼钱要粮。为躲避那混乱的世道,我四爷爷去东北找我二爷爷谋生。二爷爷早五年去东北,那时家里有九亩地,四爷爷卖了四亩五分地作路费。从康庄车站坐车到青岛,因票没买上,又跑到烟台,才坐上船到了大连。路费花光了,沿路讨饭步行到了黑龙江的漠河,找到我二爷爷。同去的有我四奶奶,一个姑姑,两个叔叔。漠河生活也不好,租地主的地种,一年辛苦,交租后所剩无几,每年不够吃,甚至弄不上一套衣服。他们一家一直熬到解放才算好了。现在他家在东北已有三十多口人。四爷爷、四奶奶已经过世。他的四个儿子有两个工作,二儿在公路局当干部,三儿在公社当干部,大儿、四儿种地。他们还经常来信。

刘光谱(康庄公社康四大队人,农民)

我们家是1911年闯关东的。我是那年十一月初二生人，我出生前十月份父亲带着全家就走了。我们一家9口人，父亲、母亲、三个哥哥、三个姐姐，我是排行老七。我们走的主要原因，是因为那年水灾很重，粮食不收，无法维持生活。我们是讨饭到了青岛，坐着小帆船，半个月后到了安东。路费是把家里的农具卖掉了。

我们一家到了安东集安县的马蹄沟落下了脚。当时是冬天，大雪茫茫，无处寻活干，父亲只好领着我们讨饭。第二年开春我们又到了通化县才租到地主的地种。租地种生活也好不了多少，一年到头，交上租，剩的粮食就不多了。后来我们又开了些荒地，收入就多了一点，生活也比刚去好一些。

我们一家人在东北的遭遇也够苦的。

大哥在通化待了一年，回山东老家结婚。

二哥在东北结婚，有两个孩子，因染上霍乱病，嫂子及两个孩子三口人都死了。二哥没回来。

三哥一看东北不行，也回到山东老家结婚。

三个姐姐在东北结婚不久，因气候不适应，都死去了。

我本人，十九岁在东北结婚，生了两个孩子，也因染上霍乱病，妻子及两个孩子三口人都死了。

母亲在我妻子死后的一年，也染上霍乱病死去了。

父亲一看在东北待不下去了，就在1934年即我二十三岁那年，同我一起坐火车回到了老家。

我一直没有结婚，是三哥家的一个侄子跟我过。1947年共产党来了，我当了村里的农救会长，那时国共两党拉锯，还乡团一回来地主就反攻倒算。我提心吊胆，1948年就领侄子去东北通化找我二哥。在那儿待了十年，1958年就回来了，家乡变化很大，生活很好。

总之，我们一家九口人闯关东，在东北添了六人，共十五人。死在东北十人，返回四人，留在东北一人。这是万恶的旧社会给我家造成的悲剧。

张光文（康庄公社康一大队人，农民）

我今年七十四岁了，已是年过古稀的老人。说起闯关东真是感慨万分，我一生五闯关东，最后还是落叶归根，回到山东老家。

第一次是1911年，那时我刚生下八个月。当时土地很少，生活困难。听早年闯东北的伯父来信说，东北土地比较多，种地不成问题。我父亲便带着我母亲，一个姐姐和我四口人去东北找我伯父。我们先到青岛，坐船到安东（今丹东）下船，又步行讨饭到通化，找到伯父。父亲租地主的地种。我十二岁给人家放猪，放了三年。后来我姐姐在东北出嫁，我又添了个小弟弟，仍是四口人。我十六岁又雇给人家当店员。十八岁时同父亲一起回到了山东老家。目的是回家订婚，但未成。

第二次是1928年秋，也就是回来的当年，一人又回到东北，仍然当店员，父亲留在了家里。1931年"九一八"事变，东北义勇军占领了通化，就在这一年也就是我二十一岁上又回到山东老家。回来的目的仍是成亲，这次找到了对象，当年结婚。

第三次是结婚一个月后又去东北。父亲和我妻子留在老家。在东北当店员两年，1933年即我二十三岁的那年又回到老家。母亲和弟弟留在东北。我回家第三年，即1936年母亲就死在了东北。在家我们的日子也不好过。记得是1937年，我家打下麦子六百斤，一下就叫郭子安杂牌队伍要去了四百斤，在家确实够苦的。

第四次是1940年，我带父亲、我的妻子和一个女儿共四口人又返回东北，到通化三棵榆桑子沟。在那儿住一个月，又搬到浑江市三岔子。在那儿给日本人当木工，吃的是棒子面、高粱米。1941年生一女孩。以后的日子是，夏天种地，冬天给日本人干活。不幸的是，1943年我妻子奶头长疮，没治好就死去了。这一年父亲弟弟得伤寒病死去，只剩下我和两个女儿过日子。1945年日本投降，1946年去了共产党，共产党的区长召集山东去的穷人开会，选我当村里组长，管二十多户。1947年打恶霸，斗地主，搞土改，我当了农会长，管三百户的村庄。我想要个儿子，便把两个女儿托付给人家养着，1950年4月又回到山东老家，五月份第二次结婚，时年四十岁。我想带妻子再去东北，妻子不去。

第五次是在1951年，我一人又返回东北，找到两个女儿。我当了一年的伐木工人，1952年3月便领着两个女儿回来了。自那儿再也没回去。回来的第二年当了村长，又生了四个儿子。现在全家是十三人，儿孙满堂，生活幸福美满。

王立京（康庄公社康三大队人，农民）

我是1940年全家闯关东的。一起去的有父亲、母亲、一个弟弟、一个妹妹。那时家乡日本鬼子骚扰，杂牌军横行，旱灾严重，日子实在难过。1940年，当地郭子安的杂牌军像土匪一样，把我家的一头小毛驴牵去，地也无法种了，不得不去东北谋生。为筹集路费典出去二大亩（六市亩）地，三间房子。从康庄车站到青岛，船没有坐上，因东三省当时为满洲国，要去就算出国，必须有出国证。因此等了十多天，又卖了两床被，搞到出国证，才算买上了船票。到开通县，靠本家的一个叔才落下脚。在那里租种人家的地种，生活也很苦，吃高粱米、棒子面，衣服很贵，棉布没有，只有穿麻袋片，弟妹只有光着腚在炕上。我是给人家放驴，一年放十二头，给八斗粮。我家在那儿待了整整十年，1950年才回到老家。现在我家五口人，老伴、儿子、儿媳、一个孙女，生活很幸福。

姜秀香（康庄公社前毛大队人，女，农民）

我娘家是即墨，我家闯关东是在1916年，为生活所迫，父亲就带着母亲，三个哥哥，一个姐姐过海到了吉林省的通化县。我出生在东北。我家在东北住的地方是个山沟，父亲开荒种地，母亲讨饭，大哥给人家放牛，二哥给人家放猪。三年之后才租到人家的地种，有了自己的房子。在那儿除生活苦外，还有一些土匪，叫"红胡子"。就在我十岁那年，父母亲给"红胡子"吓死了。我给人家推碾子，端米磕倒了，挨了一顿毒打，过了两年我就回家不去了。我十六岁上，给一家山东老乡换亲，男的比我大十二岁，婆家小姑子给了我哥哥。在我十八岁上，因受不了"红胡子"的欺压，两家都回山东了，我就跟着婆家回到高密县康庄。回家以后生活仍然不好，吃糠咽菜。1946年八路军解放了家乡，我当农救会会长。1947年，还乡团来了，我东跑西颠。1948年土改，我家分了十七亩地，生活好比芝麻开花节节高。孩子都是回山东生的。大儿子参军二十年，回来当银行主任；二儿子又去当兵十年。

韩国勋（康庄公社韩家庄人，农民）

我家是1928年闯关东的。那时我家十五口人，三十三亩地。当时土匪便衣队要我爷爷拿二百块大洋，如果不给，就把家里的三个男孩子杀掉。爷爷一看没办法，爷爷奶奶留下，我伯父、父亲、叔父等十三口人就去东北了。当时卖了七亩地作路费。我们是奔着本村一个邻居去的，到哈尔滨落下脚。伯、父、叔三人烧窑。分为三家住。1933年伯父、叔父两家回山东。我们一家除大哥外1943年回山东。我出生在东北。我的大哥到黑龙江密山干小工，死在东北。

王贵和（城关镇南关大队，大队长）

我们大队在新中国成立前四个行政村，二百一十八户，八百七十二人，土地一千六百一十六亩，人均一点八五亩，其中一千五百八十三亩，占总面积的百分之九十八是四十七户地主的，地主每户平均占有三十三点六亩。仅有三十三亩是一百七十一户少地农民的，户均一分九厘，占百分之七十八的少地农民拥有的土地仅占百分之二，其中还有一百三十八户，占总户数的百分之六十三没有土地。新中国成立前由于生产落后，平均亩产一百二十四斤，绝大多数无地少地农民，靠租地种，当雇工，打短工，住门房，干小商贩维持最低生活水准。他们活不下去，就去闯关东。新中国成立前全队有三十四户，一百一十八人闯关东，其中全家走的十三户，五十二人，家中部分人走的二十一户，六十六人。这些户闯关东的主要原因是生活不下去，被逼走的。如天坛村光明街常德荣，随父去关东，他是靠借债贩卖粮食为生，因苛捐杂税和抓伕，劳役无限度摊派，使他的小买卖砸锅，连本吃光，无力归还利滚利的欠债，在走投无路的情况下被迫闯了关东。现在他父子俩都已病故，家中无人。

徐树清因在兵荒马乱的年景，被兵痞、恶霸抢劫压迫，无法生活下去。他只得挑着一担筐子，领着全家老小，沿路乞讨下了关东。

岳传厚世代干建筑工，因地方杂牌军的头子蔡振泉无限制的摊派苛捐杂税，被压得喘不过气来，不得不领着全家下关东。

解放后，从东北返回故乡的二十四户，八十三人。在关东定居的十户，三十五人。他们回迁的主要原因是故土难离，思念亲人，要求与亲人团聚。全家闯关东的户，也有族人、亲戚、朋友，不愿分离。新中国成立后家乡经济情况的变化也吸引着在关外的老乡们。

王笃光（城关镇南关大队，农民）

我父亲1911年闯关东。当时祖父去世，祖母改嫁，伯父已去东北。我父亲当时还未结婚。到东北才结婚，生下我兄弟七人，姐姐二人，我是排行老六。我们住的地方是吉林省临江县临江街，父亲靠卖皮货为生，但人多难以糊口，1931年全家十一口人回到山东老家。

大哥解放前结婚，现在当农民。

二哥1940年被日本人抓兵，据传在济南被日本人炸死。

三哥1938年到青岛水产公司当工人。

四哥1938年又去东北当劳工。1945年当八路军，后转业临江县林业局。现已离休，全家七口人，回到老家安度晚年。

五哥1937年被日本人抓去当劳工，死于煤窑中。

本人是老六，解放后结婚，现在生活很幸福。

七弟在大队当副书记，是农林队长，全家四口人。

大姐姐在我们从东北回老家时，被卖给了人家。

二姐也是因家庭生活困难，解放前卖给了人家。

（四）烟台地区

莱阳县

王学先（县府办公室主任）

莱阳县位于胶东半岛东部，距海边十五公里。全县面积一千七百平方公里，山地占百分之六十九，平原百分之三十一，耕地一百二十五万亩，人口八十二万。1949年全县五十万人。

据统计，1912年至1949年全县去东北的达二万三千人（当年春去冬归者不算在内），占全县人口总数的百分之五左右。

哪些阶层的人闯关东呢？

一是贫苦农民，占百分之九十。俗话说："富走南，穷进京，死逼梁山下关东。"土地高度集中在地主手里，如莱阳县百分之五的地富占有土地却在百分之七十以上。农民生活困难，到东北谋生。

二是中农，占百分之八。这部分人在家待着也可以维持生活，但劳力比较充裕，能自给自足，能省出部分劳力到东北发点小财。他们一般当年或一年至两年挣些钱就回来，进一步扩充家业。

三是地富，占百分之二，是极少数。他们去是为的发大财，这些人一般有资本，有经营能力，做买卖，能挣钱。还有一种人，地富之间打仗斗殴，互相排挤，势力小的走了。还有的横行霸道，杀了人，就跑到东北去了。

闯关东的去向，大都是到吉林省，黑龙江的密山、虎林，还有到辽宁的大连、沈阳、抚顺的。从事农业、林业的占百分之六十；经商做小生意的占百分之二十；从事手工业如做鞋、木瓦匠的占百分之二十。

闯关东的路线，大都从水路走，步行一百二十里跑到烟台，乘火轮船或帆船到大连，再到东北三省各地。走水路的占百分之九十五；走陆路者极少，仅占百分之五。

为什么又有许多人返回呢？

解放前后闯东北回返的大约占百分之三十，这个比例数不算高，因为去的多从事农业。搞农业，地多容易留下落户。回来的原因：一是水土不服，病死很多。特别是女的死在那里很多，还有些地方病，甲状腺肿、关节炎、大骨节病，都威胁着人们的生命安全。二是想家，家中有亲人。三是家乡解放，经济上起了很大变化，特别是1951年、1952年土改时返回的多。1937年至1945年间，想回来的比较难，日本侵华，国共拉锯，关卡多，行路难。解放后回来的自然也就多了。

闯关东的原因，最主要的是灾害造成的，特别是旱灾，粮食不收，生活困难，不得已走的。其次是为了去挣点钱来，这些在前面已有说明。

宋继光（城厢镇镇长）

城厢镇1949年二千九百户，一万二千四百人，耕地二万七千亩。耕地占有极不合理，地富占百分之七十，中农占百分之二十，贫雇农占百分之十，逃荒的二千人，给地主扛长工，打短工的三千人。

民国年间，这个镇闯关东的三百六十人。其中为生活所迫的三百二十一人，占百分之九十；因闹家庭纠纷、躲兵等原因者三十九人，占百分之十。

从阶层上分：闯关东的贫农二百四十二人，占百分之六十七；中农一百一十人，占百分之三十一；富农七人，占百分之二。

从本人成分上讲：农民三百二十二人，占百分之九十；商人（做小生意）三十九人，占百分之十。

从时间上分：1912—1920年，四十四人，占百分之十二；1921—1930年，七十五人，占百分之二十一；1931—1940年，一百八十三人，占百分之五十一；1941—1949年，五十七人，占百分之十六。

移民的去向：最多的是大连，因当时大连工商业比较发达，登陆后就进了商店、工厂、矿山当学徒。留在大连的占移民的百分之八十。其余百分之二十多是到佳木斯、牡丹江、哈尔滨等地，从事伐木业，开荒种地。

返回情况：在闯关东的三百六十人中，返回的一百九十六人，占百分之五十五；死去的八十八人，占百分之二十四；留住东北的七十六人，占百分之二十一。返回人员中，有退休的，有当工人的，多数务农。孙洪山老汉是解放前从东北回来的，今年七十六岁，大队每年给他三百六十元的生活费，安度晚年。

姜洪恩（城厢镇东关村，村长）

我村1949年二百八十户，一千一百一十九人，耕地一千九百一十五亩，地主占地百分之三十一；富农、中农占地百分之四十二；贫农占地百分之二十六。解放前这个村扛活的特别多。

民国年间，我们村去东北的达一百零一人，其中1912—1920年，十五人；1921—1930年，二十七人；1931—1949年，五十九人。

这些人大部分去辽宁，有些招工去的，在煤矿干活，不少是十三四岁的童工，这种工作比较艰苦，危险性也大。也有一部分人去吉林、黑龙江，多是伐木。

在一百零一人中，返回五十多人，死去二十多人，留住东北的二十多人。返回人员现在生活都很好。

董坤（城厢镇城南村，村长）

我村1949年一百七十户，七百六十九人，耕地八百八十亩；其中富农两户占地八十亩；中农六十户，占地六百亩；贫农一百零八户，占地二百亩。我村是两姓村，共三十六姓。解放前这个村有三个特点：一是闯关东的多；二是给地富扛活的多；三是讨饭的多。

1912—1949年去东北的三十三户，四十五人。其中，中农八户，八人；贫农二十五户，三十七人。

闯东北大都是出苦力，人身没有保障。本村有几个农民，1940年去齐齐哈尔给日本人出苦力，住的是窝铺，由于失火，窝铺都烧了，烧死七十多人，其中有我村去的四人。他们在那里大都是吃棒子面，不好消化，常常闹肚子。

闯关东的三十三户中，已返回三十一户，其中解放前返回的三十户，解放后返回一户，尚有两户未回。

姜福信（城厢镇吴格庄，村长）

我村1949年有二百八十二户，一千三百一十三人，耕地三千六百三十四亩。民国年间闯关东的初步统计五十二人。这些人大都到大连、沈阳、鸡西、海参崴。

去东北的时间，1921—1930年，十一人；1931—1940年，三十人；1941—1949年，十人。

先后返回三十四人。大都是1947年至1949年土改时返回的。这些人在东北大都住十几年，少则三两年，多则有达四十年的，死于东北十一人，尚有七人留住东北。

张振宝（城厢镇，东关大队人）

我是1938年被日本人招工去东北的，当时十七岁。我家有父、母、哥哥、弟弟、妹妹，人多生活困难，便自己决定去当劳工，以便养家。当时替日本人招工的是山东鱼台人，人们称他为地痞。每招一个工人六十元，这个人要扣留二十元，只给被招人四十元。被招人到东北后，这六十元要从工资里逐月扣除。（给的是日本的票子，一元等于中央银行的票子七元）那次他在我们村共招去八人。给我四十元，留给父亲三十元，自己只带十元钱。步行到烟台，我花去了两元。然后我们八人一起坐船到了大连。船钱自己不付。在海上航行四天。下船后，住在一个客店里，没有行动自由，不准任何人出去。在客店停留两个小时，便转坐火车到吉林省临江县，被送到一个煤矿上，下井挖煤。除了管吃之外，每月工资三十元，但头三个月不发，由日本人扣压着，怕是工人跑掉。三个月之后再发工资，从工资里逐月扣除招工时的六十元钱。

这个矿大约有两千多人，多数是山东人。六十个人住一个大房间，两人住一条炕，两人发一套衣服。

在矿上无行动自由，外面有铁丝网，不准出矿。往家写信必须先交给矿上，他们认为不能发的就烧掉。钱也不能往家捎，发的工资除把头每人每月扣除两元外，常让别人三元、五元的借去了。外边的人有专门到矿里来赌博的，挣弄点钱，许多人都输给了外边。我在那儿干3年多，也没积下钱，结婚更谈不到了。1945年苏联红军去了，煤矿停工，我报名参加了红军，一个月后转为八路军。从那开始一直在军队，后改为解放军，南征北战，打了几年的仗。全国胜利后，1950年我便复员到山东老家。回家后我和我哥哥、弟弟分了十二亩地。那时我已是近三十岁的人了，直到现在还未结婚。我现在已是六十多岁的人了，虽然没有老伴，但队里照顾得很好，能幸福地安度晚年。

宫文学（城厢镇，东关大队人，农民）

我是1936年由姐夫带到大连去的。那年我十三岁，到一个名叫宝来堂的点心铺当学徒，任务是制面包点心。除管吃外，第一年三元钱，第二年五元钱，第三年六元钱，干了三年才挣十四元钱。这三年可把我折腾坏了。当学徒的有我们五个人，白天干，晚上还要打夜班，得到十二点或下两点睡觉。早晨天不明工头就把我们这些还熟睡的孩子又赶起来，稍起晚一点就挨打。晚上睡不够觉，白天干活打瞌睡，也挨打。我的脑子也被打坏了，记忆力不行，耳朵也打聋了。我不想干，但是不行，谁不干就得把发的钱交上，很不讲理。三年后我才有机会转到一个叫德顺堂的制果厂，是日本人开的，每月六元的工资。活也太累，常常是干到十二点才能休息。忙时没白没黑地干，有一次整整干了六天六夜没休息。

1945年日本投降了，制果厂停工，我回到山东老家，带回二百元，结婚花光了。

再说一下我姐弟闯关东的情况。我有两个弟弟，两个姐姐，一个妹妹。他们都闯过东北。

大姐姐，父亲图钱，把她卖给了人家，她丈夫比她大十二岁，随她丈夫到大连，一直未回，现在还在大连，有通信联系。

二姐姐，也是我父亲卖给人家，她丈夫在福山县，比她大二十四岁。她一家人去东北大连，路费是我给她家借的，账也是我挣了钱还上的。她一家到大连后，不久又去通化，从通化又去临江。后来她月子里病死了，直到现在再也没同她家人通过信。

三妹妹，到大连大姐那里住了不长时间又回来了，现在还挺好。

二弟弟，十二岁到大连，给日本人看孩子。1945年回到老家。1947年参加解放军，至今无音信，传说他已经牺牲了，上级追认他为烈士。

三弟弟，到大连去得最晚，当了十年学徒，1945年回到老家。1947年参加解放军，后升任连指导员，在解放上海时，指挥打飞机，被炸死了。

慰先星（城厢镇东关大队人，农民）

我是1941年去东北的，那年我十六岁。

我为什么要去东北呢？当时祖父、父亲相继病故，只有祖母和母亲两个老人带着我过日子。家中没有地，只有一头小毛驴，给人家磨面，能剩下点麸子，我们三口人就这样勉强维持生活。在旧社会两个女人带着一个孩子过日子也真够难的。1941年我的一个堂兄从奉天（沈阳）回来探家，我觉得家里这样苦，不应该再由祖母、母亲来抚养我，应当自己去谋生，于是我就决定跟堂兄去东北。我把这个想法告诉了祖母和母亲，她们开始不同意，哭了两天。最后我说服了她们，才勉强同意。在奉天还有我一个表叔，他1938年去的，我是去投靠他的。

我是怎样走的？路费是家里筹办的。我家里还存着爷爷开酒店的锡壶，这壶挺贵，卖了不少钱，祖母、母亲让我都带着，如果到东北立不下脚好再回来，免得路上作难。我跟堂兄步行到了烟台。在烟台买船票要入满洲证，不然不能进入满洲。这是日本人办的，怕八路军、游击队混入东北危及他们的统治。办入国证要照相，拿钱，还得托人。花了十二元钱（当地日本联合银行出的）才办了一个所谓入国证。那几天烟台正下大雨，可够苦的了。坐上船从大连登陆，又转车到奉天，找到了表叔，就同他住在一起。

在奉天找个地方干活也不容易，找了三家铺保才得以到日本人经营的恒利铸造厂。我读六年书，对我厂家还是乐意要的，从此就在这家厂子里当了学徒。有一次我和师兄抬一个铁水锅，不慎把我的腿烫坏了。师兄就用盐水给我洗，半年多还未好清，最后腿上还落了几个疤。生活也不好，喝的是高粱米稀饭，吃的是玉米面窝窝头，窝窝头常是发霉的，很难咽得下。

后来我又转到一家叫万聚福的副食品商店，这是中国人办的。我在这个商店学手艺，因为有文化，工资比别人高一点。但是钱捎不回来。家里去信不要往家捎钱，让我积攒几个钱，准备结婚用。后来通过一些熟人，捎回过两次钱，每次五十元，是满洲票，来家再兑换。我在这家商店一直干到1945年日本人投降。

1945年苏联红军进入沈阳，以后国民党接管。1948年我同另一个山东人合伙做小生意。1952年我在东北结婚，妻子也是莱阳人，生了两个孩子。1956年公私合营，在副食品公司当职工。1961年母亲病死，家里只有八十多岁的老祖母，无人照顾，我就带着妻室回到老家伺奉祖母。回来时带来半年的工资，共四百元。回来我到社办企业三轮服务站工作。1970年祖母九十二岁去世。

早年闯东北的表叔也死于沈阳。

赵桂谦（城厢镇，东关队人，农民）

父亲1927年因为家庭生活困难，到东北本溪市，给人家油漆玻璃。母亲留在家里拉扯我们兄妹几个过日子。大哥到大连银行当职员。二哥在莱阳城鞋铺做鞋。我是老三。四弟年小留在母亲身边。

1930年父亲探家，那年我十四岁，跟着父亲去本溪学徒，也是油漆玻璃。店家管吃管穿。干了六年就回来了，带回四十元满洲钱。在家租地种。我是二十三岁结婚。父亲1942年回到老家。1945年共产党来了，我家分了八亩地。解放后我又到莱阳城大众饭店挑水，打扫马粪。

同到本溪去的还有一个姓魏的亲戚，他在粮油加工厂干了二十年。1966年退休，现在生活很好。

孙洪山（城厢镇东关大队，农民）

我是1934年去东北的。当时家有父、母、哥哥、妹妹、弟弟，他们都未去东北。

我十四岁上给地主扛活，后来我扛活扛够了，很想出门自己去闯。正巧我舅舅从东北回来探家，他已在东北待了二十年，在吉林省抚松县给日本人栽种人参。我跟舅舅到抚松，同舅舅一起种人参。干了三年挣二百三十元。这三年中曾给家寄来一次钱，那是莱阳人在东北办的私人银行，通过这家银行就可以把钱寄到家。1937年我就回来了。

第二年在四平的一个侄子又捎信让我去，我当时还未结婚，便自筹路费到了四平。我干建筑小工，侄子当小工头。干没多长时间就回来了。到大连坐船时，把带的钱大都扣下了，只让带回五十元。

舅舅死在东北。侄子在1948年四平战争中失去了妻子和孩子，只身一人回到莱阳，现在还在世，已经九十二岁了。

尉少良（城厢镇东关大队人，农民）

我曾祖父1920年带领全家到辽宁省的本溪市。当时曾祖父干什么不清楚。祖父、父亲和我都是东北生人，我是1956年生人，1974年参军，1977年复员，1978年回到莱阳。莱阳还有我姨和堂叔，大队给我安排了房子。1982年结婚，生活很好。

我父亲也是回莱阳结婚。现在东北还有两个姑，一个叔，一个哥哥，他们在东北扎根，不愿再回来了。

曲荣玉（城厢镇，吴格庄村，原县公安局副局长）

我是1933年去东北的，父、母留在家。

我之所以走，是因为当时兵荒马乱，到处抓兵，我是不愿当兵才走的。土匪杂牌军当年在胶东一带闹腾得非常厉害。胶东号称二十四个司令，莱阳就占三个。一个是刘黑七，领兵二百多人，在栖霞、莱阳之间闯荡。第二个是刘珍年，有一千多人马，占据莱阳城，后被韩复渠枪毙的。第三个是田盖山，在莱阳附近到处骚扰，是被国民党杀掉的。这都是一些明火执仗，到处烧杀抢掠的土匪。在这种情况下，我觉得不走就有被抓去当土匪的危险。

我有个叔伯叔，他早年闯东北，当时在长春当木工，他同意我去。父亲给我筹集了路费，从烟台坐船，经大连到长春，找到了叔伯叔。我上学三年，叔叔看我灵透，就让我跟他学徒，说管吃、穿，但不另外给钱。一直学三年才出徒。出徒后我就到一家日本人办的厂子里去干活。干一天给一天的钱，满洲钱每天一元。挣的钱也不能往家里寄，日本人不让寄。我在二十四岁上，即1940年回到莱阳结婚，婚后不久又回长春。

父亲十五岁到烟台张裕公司当学徒学木工。1935年到长春，在那儿干了三年，由于眼睛不行，1938年就回来了。父亲回家后，杂牌军逼款要粮，交不上挨打是轻，动不动就受酷刑，父亲实在受不了，1943年的秋天上吊自杀了。

父亲一死，家中母亲无人照顾，我在东北也没什么干头了，1943年12月动身回老家。当时手头没钱，借了二十元，勉强到烟台，又步行两天半回到家。回到家开始种地，后参加了解放军，1952年转业到地方，当了公安局副局长，现在离休了，在家还能干点零活。

我叔伯叔在长春结婚，有两个儿子，现在都参加了工作，1945年东北解放，他转为国家干部，现在已经离休，准备在东北安度晚年。1958年我去东北出差看望过他。

姜蓝起（城厢镇，吴格庄人）

听父亲说，我父亲排行老六。我有个五大爷，他早年闯关东，在大连开饭铺，我父亲十三岁就奔他去了。后来五大爷死去，父亲继承了他的产业，同人家一起经营。父亲经常回来探家。我十三岁时父亲带我去大连，那是1936年。我在家上过四年学，有点文化，便给日本人送报。除吃以外，每月剩六元钱。送了一年多，挨日本人打，就不干了。父亲又托人安排我到一个印刷厂干活，每月挣十元。干了半年又转到饭店,当跑堂的。那是一家联营饭馆,父亲是个二掌柜的,他究竟挣多少钱,不清楚。往家寄钱靠莱阳的田和兴私人银行。

当时私人的钱庄,也叫私人银行。这是由于日本人不让从东北往关里寄钱造成的。这些钱庄在关内外两头都有人。在东北的收钱,并不往关内汇,而是就地搞买卖,靠关内各地的分钱庄付款,利钱很高,汇费要达百分之二十。莱阳人田和兴搞的私人钱庄就很厉害。他们总钱柜设在烟台,各大城市都有他们的分钱庄,关内的北京、济南、青岛都有他们的钱庄,各县有他们的联络户。他就是靠这套组织网替闯东北的山东人汇款。

我在东北待了十年,1945年就回家结婚。日本人投降前后,饭馆倒闭,父亲回家务农。

刘逞(域厢镇,吴格庄村人,农民)

我是二十一岁(1938年)一人去东北大连的。父亲、母亲、弟弟都留在家里。

我为什么闯关东呢?一是家中生活不好,家里只有三亩地,父亲种着,收成也不好,一年到头粮食不够吃。二是青年人想出去闯一闯。

我是投奔本村姜蓝起的父亲去的,那时他在大连干木工,我们之间有姨表亲关系,我要求去东北,他很同意。路费是父亲向亲戚借了十元钱。

在大连食品店干活,我有点文化,工资比其他没文化的青年稍高一点。在去的第三年即1941年我探家一次,带回三十元,当时日本人海关上,只准回山东的兑换三十元,多了不换。换的办法是一元满洲钱,换一元山东用的票子。

我在大连干了十年，后转到沈阳。在沈阳是托本村在沈阳干工的邻居给找的工作，还是干食品店。又干了七年，到1954年家乡生活好转就回来了。回来那年我三十八岁，还未结婚，1956年我才结婚，生了五个孩子，两个女孩现在已结婚，三个男孩，大的结婚了。我父母都是在1960年以后去世的。

吴本芝（城厢镇，城南村人，农民）

我是1928年十五岁时去东北的，家里其他人都没去。我去东北主要是家庭生活困难，我家八口人，祖母、父亲、母亲、一个哥哥、两个弟弟、一个妹妹。没有一寸土地，只有三间房子，生活是靠父亲给地主扛活，母亲领着我们小的讨饭，哥哥给人家放牛。

本村有个邻居，他早年去辽宁岫岩县的一个剿丝厂当工人。他回到家说可以跟他到剿丝厂干活，路费由厂家垫付。我村有三人跟他去的。到剿丝厂当学徒工，三年学下来再给月工资二十元，另外厂家管饭。

1947年在东北结婚。解放后给家来了封信，并寄回些钱，家里才知道我在东北没有死，他们盼着我回家。1969年回家看了看，觉得不错，1970年带着妻儿返回离别四十三年的老家。时年五十八岁。

吴文奎（城厢镇，城南村人，农民）

我是1939年招工去东北的，那年十七岁。

去东北的原因是家庭生活困难，一家五口人，没有一分地，父亲给地主扛长工，打短工。我从小跟母亲讨饭。

我村有个木工，他在东北给日本人干活，是盖房木工。他回来招工，我就跟他去了。干这个活，每年回来一次，春去冬归。每年冬天日本人包火车送到大连海关，春天派车到大连海关接。

我去是学徒，第一年到辽宁省的铁岭县；第二年到黑龙江的林口县；第三年是到黑龙江的庆安县；第四年是到黑龙江的孙吴县。这几年都是爬房顶盖房子。这样坚持了四年，每年回来带回二十元至三十元。

在东北吃棒子面，我们山东人有些吃不惯，也只好如此。

1943年回来再也没去，给地主扛两年活，家乡就解放了，我当了村长。1947年当兵参加孟良崮战役，1953年复员回家，已是三十一岁了。1954年结婚，生下四个孩子。

王玉祥（城厢镇，南关大队人，农民）

我的祖父、祖母带着我父亲、母亲、哥哥、姐姐共六口人，在1915年到吉林省蛟河县夹皮沟村开荒种地。我是1916年东北生人。

我祖父兄弟五人，他是老大。全家人多地少，主要是租种别人的地种，每亩地收租三斗（折合一百五十斤）。分家时我祖父只分到一亩地，二分菜园。这些地实在不能维持生活，只得到东北谋生。

到夹皮沟村，两年我家就开垦了两垧（每垧合十亩）地。头一年是借粮吃，收了粮再还。好在邻居大都是山东老乡，都乐意相助。

很可恶的是当地的"红胡子"，纯粹是一些土匪，只要你种地，不论是谁的，都要钱，大都是烟土，没有的就得去买。实在买不到就得交钱。这些土匪称山东人为"南北头"，这是对山东人的污辱性的称呼。我家在东北十二年即 1927 年就回来了。辛辛苦苦十多年并未积攒下多少钱，回来的路上就花完了。祖母、母亲坐牛车回到家，我们都是从烟台跑回家的。

回到家生活仍无依靠，卖掉了家里的两棵梨树临时维持生活。以后的日子还是靠租种人家的地维持，苦日子一直到解放才结束。

吴书田（城厢镇，城南村人，农民）

我未去过东北，我的哥哥吴连田 1935 年去东北旅顺口当装卸工，那时他二十三岁，比我大五岁。他早已结婚，妻子死去，一个人去东北。我给他借了十元钱的路费。

解放后他回来过三次，此后一直无音信。解放后他在一个粮店工作，当组织上到老家了解他的情况时，我们才知道他的下落。他在东北结婚，女的也是莱阳人。这个女的原配男人死了，留下五个孩子。她同我哥哥结婚后，又生下四个，共九个孩子。有的孩子回来看过家。现在这九个孩子都有了工作。哥哥是 1983 年死去的。

蓬莱县

吕××（蓬莱县县长）

蓬莱县位于山东半岛北端，北靠渤海，隔海与辽东半岛相望。面积一千二百八十平方公里，南高北低，气候温和，四季分明，冬季不太冷，夏季不炎热。

蓬莱县 1912 年四万五千四百户，三十一万五千三百八十人；1949 年七万七千五百八十五户，三十一万七千五百人。岁月流逝了三十八个春秋，而人数几乎未变。这是什么原因呢？当然除了与旧社会人民生活处于水深火热之中，死亡率很高有密切关系之外；再一个原因是外迁人数多，主要是流迁到东北去了。

1921年到1941年这三十年蓬莱县人口变动不大。1942年至1943年却有急剧的变化。据统计渡海到东北三省者达十二万一千人，占当时全县总人口的百分之三十五。为什么这两年去东北的人数这样多呢？其一，这两年正是我们八路军游击队在蓬莱建立革命根据地的时候，与土匪汉奸二鬼子进行夺权斗争，战乱动荡，人民生活不得安生，只好渡海到东北三省求得个平稳日子。其二，这两年日本人在东北的工商业发展较快，东北的土地较多，也比较肥沃，到东北经商也好，种地也好，都比在家强，特别是到东北三省经商已成为我们这里群众的传统。

这两年外流东北的十二万一千人，穷苦农民占百分之八十五。其余有的去经商做买卖，这部分人较富裕，占百分之十五，当然其中包括少数东北有依靠有势头，去东北当经理发横财的。穷人中也有不少做小生意的。做小生意的要占外流东北的百分之四十。

这些人多数从蓬莱坐船到大连，营口登陆，少数是从烟台、龙口走的。不过当时坐帆船有一定的危险性，上岸时如果让日本人抓住，就要蹲班房，受酷刑，灌辣水。

这些人到辽宁各城市如丹东、大连、沈阳、鞍山、抚顺、辽阳等地落脚的占百分之七十；到吉林落脚的占百分之二十；到黑龙江落脚者占百分之十。

1944年至1945年蓬莱局势就稳定了下来，革命根据地建立起来，许多贫苦农民陆续回归。从1944年至1949年回来大约有四万人，占1942年、1943年两年去东北人数的百分之三十左右。这多是混不下去的贫苦农民，他们做买卖不得门，种地无资本，只有回家一条路。1945年日本投降之后，有部分从事商业的也回来了。

1945年以后，过海去东北的当然还有，不过毕竟是少数了，总体是去的少，回的多，这与蓬莱的形势好转有直接关系。

高绪洪（北沟镇，草店村，村民委员会主任）

草店村在城西十公里，是一个地势高，土质薄，水源缺乏的山村。

1949年全村一百八十户，八百人。1912年至1949年去东北三省的达二百户，三百五十人。去东北的多为穷苦农民，为生活所逼迫，不得已而出走的。多是从兰家口、刘家旺、蓬莱城、龙口、烟台坐船到丹东、大连、营口等地。就省份讲，到辽宁的最多；其次是吉林。到这两个省的多是干工人、当店员。在辽宁、吉林混不下去的流落到黑龙江一带，到东北去回来的很少，大都留在了东北。

到东北去的有三种情况：

一是家中失去主要劳动力。王怀中，又名王木匠，此人的儿子是主要劳动力，病死，女儿当了童养媳，自己年纪大些在家混不下去，只好领着老伴逃往东北。

二是年轻的出去想发财。这些人大都不能达到目的，出去只能谋生，不能发财，有的在外送上了命。有个青年兰水耀，被日本狼狗吃掉。到东北死去的占百分之十。

三是躲避战乱，以图找个安宁之地。此地三四十年代，土匪横行，抓兵征税，弄得民不聊生，本村有三户就是因为这种情况逃走的。

现在在外地的还很多，据调查统计，现在全村一千三百人，在东北的连同后代也有一千三百人，也就是说有两个"草店村"，一是现在的"草店村"；二是东北留住的人也相当一个"草店村"。

解放后返回了四十户，七十人。返回也有几种情况：

一是1945年前后返回的，这时家乡生活比较安定了，想回来。这些人回来大多参加了革命工作。

二是解放后，家乡进行了土地改革，回来可以分到土地。1947年至1951年回来的多属这种情况。

三是有些老职工、老工人，思念家乡，退休后来老家过晚年。这种情况最近已有四个。兰承德，原在东北挖煤，现已退休来家。

李忠弼（北沟镇，草店大队农民）

我没去过东北，是我两个哥哥闯东北去了。大哥叫李忠枢，1938年走的；二哥叫李忠白，1942年走的。

他俩为什么走？因为家里男劳力多，我兄弟六个，家只有十亩地。光靠这几亩地，生活也确实维持不了，出去两个混混也好，这样他们就相继走了。

先说大哥李忠枢。他在家结婚不久，妻子就死了。他决心去辽宁营口找本家一个叔伯姐夫谋生。姐姐去得比较早，混得也不错，所以对我大哥也很有吸引力。他是从刘家旺坐船走的。到营口做店员，同那个叔伯姐夫合伙做买卖。走后两年多又回来结婚，走时把老婆也带去了。现在大哥家成了十多人的一大家人了，解放后还常来老家看一看。不过那个姐夫在日本投降前就死了。

二哥李忠白，1942年走的，到本溪煤矿工作。他走时已结婚，先自己去东北，找到工作以后，又回来把妻子领去的。他现在已在本溪退休。1976年还来家看望过一趟。

两个哥哥有回老家之心，但儿女都在东北就业了，也就无法再回来了。

栾俊德（北沟镇，草店村人）

我小时上过五年学，在十六岁即1931年去东北。

当时我家庭的经济状况不好，人多地少，家有九口人，父亲、母亲、一个哥哥、嫂子、两个弟弟、两个妹妹。种四亩二分地。一年到头，吃不饱肚，还欠人家一些账。

父亲早在1928年就去东北了，他在哈尔滨一家织布厂做工。1931年日本人进入东北之后，由于日本进口的布物美价廉，他所在那家织布厂织的布比不上日本的，所以织布厂很快就倒闭了。就在这一年父亲回家来又把我领到东北去了。我们爷儿俩到了牡丹江，到一家中国人办的杂货铺当店员，除管吃以外，每月三元，干了三年。每到年底要给家里母亲寄钱，也就是寄个十元二十元的。要到福顺德私人银行寄，这个私人银行是黄县人办的。他们在大连等地设有分行，交给他们就寄来了，汇费挺贵，要相当汇款的百分之二十。

日本人在牡丹江大兴土木工程，工人每月四十元，这算是工资比较高的了。我给日本人又干了三年。第三年（1935年）上，我二十一岁，回老家结婚。我和我对象是娃娃亲，我们六岁那年就订亲了。结婚后，妻子留在家，我又回到牡丹江，因为干活中出了点小事，日本人就把我开除了。

我又去日本人办的砖瓦窑干活。在这个窑上一直干到1945年日本人投降，砖瓦窑倒闭。在这期间，我曾回来一次，把我老婆领到东北，她只在那儿住了两年又回来了。

这期间往家寄钱就非常困难。因为日本人把胶东地区划为匪区。对其进行经济封锁，不准往山东寄钱，就是本人回家也只准带五十元。家里有母亲、妻子、弟妹，不给她们寄钱她们怎么生活呢？我和父亲都很着急。后来我父亲坐车到北京，将满洲票子换成中国联合准备银行的票子，再寄回家。

1945年日本投降后，我和父亲就到了北京，也是干砖瓦窑。1948年北京解放，1949年我回到家乡种地。但父亲还想发个财，自己又去东北，干了几年也没发了财，1954年就回来了。

我哥哥也是闯东北的，他是1940年去的，在黑龙江鸡西煤矿挖煤。解放后还在那儿干，他领着一班人挖煤，成绩显著，受到表扬。有一次排除哑炮弹，不慎炮弹爆炸，炸瞎了眼睛。1978年退休回老家吃劳保。

高绪远（北沟镇草店村人，退休干部）

我上过六年学，1930年我去东北时，那年我十六岁。我舅舅在长春开副食品商店。舅舅回家把我带去。因为我有文化，就在他开的商店里当记账会计。每月开工资五十元。

我每年都给家捎回些钱，是通过黄县福顺德钱庄寄回的，汇费百分之二十。交给他满洲票子，到家里他换给中国联合准备银行的票子。

到东北五年后，我回家结婚。妻子留在家里，我又回去当店员。

1939年我不在舅舅家商店干了，又去北京找本村的邻居，在砖瓦窑上干活。在北京往家汇钱，也是通过黄县的福顺德钱庄，他们在北京有分店。

1945年日本投降，我在北京拉三轮车。解放后我回到老家。不久到县人民银行工作。现在已退休，安度晚年。

高绪章（北沟镇草店人，离休教师）

我上过六年学，1939年十六岁闯东北。当时我家三个哥哥都已分家出去，在1939年他们都去东北做小生意或当店员。大哥去黑龙江醴泉县当店员；二哥到吉林临江县当店员；三哥到辽宁安东（丹东）当店员。父母带着我和弟弟一起过。我家共三亩地，又租种七亩，以维持一家人的生活。

三哥是在安东（丹东）一家蓬莱城人开的服装店当店员。我通过哥哥的关系也到一家商店当店员。前三年当小伙计，除管吃管穿外，到年底每月按四元钱发。到第四年上，每月发二十元。由于日本人对胶东的封锁，一直也未给家寄过钱。

1945年8月日本投降，12月份我就回来了，带回三百元满洲票子，到龙口换了北海银行的票子二百元。第二年结婚。本想再去东北，听说东北很乱，也就打消了这个念头。从那儿我就到附近兰家口教小学，1969年当了联中校长，现在已经离休。

三个哥哥都在解放前死在外边，我的三哥是得肺病死的，那时很年轻。我的弟弟解放后参军，现在航天部任政治处主任。

高绪发（北沟镇草店村人）

我上过三年学，1937年十五岁跟本村一个邻居到安东（丹东）学生意。

当时家庭情况是：祖母、祖父、父亲、母亲、两个弟弟、两个妹妹共九口人，五亩地，土质不好，每年收成都不够吃。

我到丹东是在一家醋杂货铺当小店员，主要负责送货。除管吃穿外，每月零花钱发三元。

1940年家乡遇旱灾，家庭生活实在维持不下去，就在这一年父亲去东北。我辞去醋杂货铺的工作，跟父亲去黑龙江的牡丹江，后我又转到宁安县。我还是在商店当店员，除吃穿外，月工资七元。

1943年我回家结婚，带回一百元满洲票子，到家又兑换成联合银行的票子。结婚后我再没去东北。母亲就在1943年领着弟妹去牡丹江找父亲。祖父、祖母由我和我妻子在家供养。

大弟到牡丹江铁工厂当工人，解放前死去。二弟在吉林糖厂当工人，未回来。两个妹妹都在东北结婚，丈夫都是东北人，已有很长时间断了音信。父亲、母亲1954年回老家，父亲1962年去世。

李玉璞（刘家沟镇安香于家村村民委员会主任）

我们村地处胶东半岛北部沿海边，在蓬莱县城东南约十一公里，烟潍公路南侧。

这个村现有二百九十三户，八百八十人，其中离退休回乡的非农业人口二十人，农业人口八百六十人，耕地一千四百八十亩。

民国年间人口流动很大，特别是1937年人口流动频繁；据统计，1912年至1949年近四十年，人口流动约一百七十九户，四百五十人。其中全家流出的约五十四户，二百七十人。长期迁出未归的约七十户，三百三十人，占流动总人数的百分之七十三，回返人员约一百二十人，占百分之二十七。抗日战争前外出人员约四百人，占外出人口总数的百分之八十九；抗日战争爆发后至解放前流出的五十人，占外出总数的百分之十一。

外出人员去东北的约四百二十人，占外出总人数的百分之九十三以上。其中去丹东、营口、大连以及大连市所属各县的约三百八十人，占总迁人数的百分之八十四，（丹东二百一十人，营口一百三十五人，大连市十五人，市属各县二十人）。去沈阳的十八人。去吉林省的十五人。去黑龙江的七人。其余三十人分别去天津、济南、青岛、烟台、兰州各地，占总人数的百分之七左右。

外流人口各阶层都有，其中约九十人占总外流人口百分之二十的属富裕阶层，这部分人多是全家外出，家中有人在外混事混得不错，所以将全家迁走。

中下层的人占百分之八十。他们外出主要是谋生。一是托亲靠友，把孩子送出学生意，以图有个出头之日，以维持个人与家庭生活。二是为生活所迫，外出闯运气，也希图闯好了有个立身之地。

解放前闯关东的就我们村来说，人数很多，阶层很广，但原因不外乎为生活所迫，想求得更好一点的生活条件。由于当时当地生活较东北落后，很多人迫于生计闯关东。

据调查，1937年本村约有一百八十户，五百八十人；1949年约有二百户，六百八十人，而外流过的人口就有一百八十户，四百五十人之多，可说是家家有人闯关东。如按现在本村二百九十三户，八百八十人推算，以前外流未归，加上他们的后代，可能要比现在村里的人还要多。这就是说，蓬莱县有个"安香于家村"，迁到东北的还有一个"安香于家村"。

解放后,除了上学、入伍、招工等途径外出外,很少有人外流,其主要原因是当地生产力发展了,生活水平提高了,人们不愿再背井离乡,用不着外出谋生了。

回返迁移人数总计达一百人,其中绝大部分为1945年东北解放以后回返。他们多是中下阶层。这主要是因为在1945年前,东北生活虽不甚理想,有些想回来,但有障碍,日本人不让回。再则家乡没解放,日子也很苦;而1945年渤海湾两岸都解放了,交通障碍拆除了,家乡得解放,又在进行土改,回家能分到土地,所以中下阶层的贫苦人都纷纷回乡。这部分人占回返人数的百分之九十。全国解放以后,五十年代和六十年代也有少数人返回家乡。

刘长泰(刘家沟镇安香于家人)

我家世代很穷,在我小时候,家里只有一间房,一分地也没有。父亲十六岁(1894年)从蓬莱坐风船到辽宁营口。开始到店铺学生意,因上过几年学,当会计,以后店家看着他有能力,便让他当采购,当时叫跑经济,经营烟土,来往于营口—上海—厦门之间,串通交易,能挣不少钱。他每年回家一次,捎回些钱来。

我上学六年,十五岁(1922年)跟着本村一个邻居到营口去找父亲。到那里开始学生意,站柜台,当学徒。柜上商品如染料,都是上海货,还有棉花等。待遇还可以,第一年除管吃外,工资给八元,此后每年递增十元,到第五个年头上就是四十八元。

五年之后,有在营口的一个亲戚,介绍我到哈尔滨以北的安达县粮站,在那里可以转买转卖大豆、小麦,每月可挣八十元。

不到一年粮站倒闭了。吉林省四平街有我一个表兄，他拿出两千元，自办杂货铺，转卖日本大阪的货物。我又去投奔表兄，在他那里挣钱也不少，常通过私人的钱庄往家寄钱。在杂货铺干了两年，东北的土匪（红胡子）把杂货铺抢光了，我又离开了这个地方。

我二十三岁（1929年）回到了老家。在家两个月，结婚后又去大连投奔本家的一个叔伯叔，他介绍我到黑龙江的哈尔滨附近的富锦干活，当代销员，这家货店的店主也是我本家的一个哥哥。

1931年日本占领了东三省。日本人横行无忌，到处抓人，常常夜间闯到店里，把一些店员捆绑走。有保人的拿上钱，几天可以出来。没有钱的，就把你赶到冰上用机枪扫射，然后推到冰窟窿里，异常残酷。由于日本人杀害中国人太多，我在那儿提心吊胆，1933年就回来了。

回家后给地主扛活两年，又拉三轮车往烟台送客，被送的人多是去东北的商人。1947年7月我参加了解放军，1953年复员，一直在村里当干部。现在退休了。

于家成（刘家沟镇安香于家人）

我小时上学六年，我们这里不上学的很少，一般都上个五六年。我是十六岁（1936年）去东北的。当时我家有父亲、母亲、一个弟弟共四口人，只有一亩地，生活够苦的了。有个老表叔带我到沈阳，并经他介绍去一家叫裕泰盛的百货店当店员。

第一年除管吃管穿外，每年给工资二十五元，往家里寄十元。寄钱是通过掖县有个叫田兴和办的恒泰兴钱庄往家寄。

在裕泰盛干了两年，我就被开除了。主要是我脾气不好，有反抗精神，不能吃一点气，时不时就闹起来。没有办法，表叔又介绍我到德丰厚货店，管批发棉布，人造丝，每月发五十五元。打这以后，每年能给家寄二百元。1937年以前往家寄钱还可以，1937年抗战爆发以后就难了，特别是1942年以后更难，因为日本宣布胶东一带为匪区。1942年这个货店生意萧条，我只能打些零工。1954年这个货店的掌柜又办起造丝厂，我当推销员。

我是1954年回到家乡的，在东北整整十八年，其间两次回家，一次是1940年，一次是1942年，这第二次在家结的婚。

我回家后一直就同父、母、弟弟一起种地。

蔡国礼（刘家沟镇安香于家人）

我讲一下我的妻子刘桂萍一家闯关东的情况。

1941年岳父、岳母、大姨子、妻子、内弟共五人闯东北。主要是因为生活困难。岳父先后在大连、瓦房店给人家当炊事员。1946年岳父死在东北。

我大姨子1945年到辽阳纺织厂，1953年结婚，有六个孩子，现在生活很好，不想再回来了。

内弟1947年参军，现在已离休，在潍坊海军休养所，是个副师级干部。

后 记

1984年春，我陪同一位外国学者来山东考察民国时期及清代和前山东人迁移东北三省的历史。当年山东人迁移东北三省也叫"闯关东"。自清代至民国三百余年，山东闯关东者近三千万人，这在世界移民史上亦属罕见。这件史实闻名中外，但至今无人系统研究过。我想作为山东人口学者来作好这个课题的研究是责无旁贷的。这个想法立即得到我院领导和山东人口学会的大力支持以及华东师范大学著名人口地理学家胡焕庸教授的热情指导，使这一研究工作得以顺利进行。在出版过程中，上海社会科学院出版社的同志，特别是此书的责任编辑卢延禄同志付出了艰辛的劳动。在此，一并表示我真诚的感谢！

作者
于山东社会科学院人口研究所
1987年元旦